Johanna Lenz

Einzigartig, so wie du bist!

Mutmachgeschichten für Jungs

Das inspirierende Kinderbuch über
Selbstvertrauen, wahre Stärke und Freundschaft

Inkl. Mutmach-Karten zum Ausdrucken

GARSVerlag

Dieses Buch gehört dem einzigartigen:

Inhalt

Hallo Abenteurer!

Hallo du! Hast du Träume? Wünsche? Glaubst du, dass diese in Erfüllung gehen können? Hast du schon einmal an etwas ganz fest geglaubt und plötzlich ist es passiert?

Dann bist du hier genau richtig, denn für die Jungs in diesem Buch ist nichts unmöglich!

Komm mit und lerne Elias, Noah, Paul und die anderen kennen. Sieh, wie die Jungs auch mal Angst haben, sich schwach fühlen und an sich zweifeln.

Sie alle haben aber eines gemeinsam: Sie sind ganz besondere und einzigartige Jungs. Sie überwinden ihre Ängste und wachsen über sich hinaus.

Und jetzt verrate ich dir noch ein kleines Geheimnis:

Auch du bist einzigartig!

Du bist großartig, und zwar genau so wie du bist! Glaub an dich. Du kannst ganz wundervolle Dinge vollbringen!

Und jetzt wünsche ich dir viel Spaß beim Lesen.

Elias Traum wird wahr

Es ist Samstag und Elias, sein kleiner Bruder Ben und seine Eltern machen einen kleinen Spaziergang zum Bauernhof.

„Baunhoooof", ruft sein kleiner Bruder.

Er ist erst zwei Jahre alt und kann noch nicht so gut sprechen. Elias ist schon sechs Jahre älter und versucht Ben so gut es geht zu helfen. Bei den Kühen hebt er ihn hoch, damit er auch die kleinen Kälber sehen kann. Sie liegen in einem Holzstall umhüllt von weichem Heu.

„Muhhhh", sagt Ben. Elias grinst. „Muhhh", antwortet er seinem kleinen Bruder.

Die Familie kommt regelmäßig zu diesem Bauernhof. Hier gibt es frische Milch und Eier von glücklichen Hühnern, wie es Papa nennt.

Was er aber am allermeisten liebt, ist das Verkleiden. Seit er klein war, ist Elias gerne in verschiedene Rollen geschlüpft. Zum Beispiel hat er ein Ritterkostüm mit einem Schwert und einem Helm. Wenn er diesen aufsetzt, möchte Ben auch mitspielen. Er zieht dann immer seinen Fahrradhelm auf, um auszusehen, wie sein großer Bruder. Weil Mama und Papa wissen, wie gerne Elias sich verkleidet, schenken sie ihm jedes Jahr zu

Weihnachten ein neues Kostüm. Letztes Jahr an Fasching ging Elias als Fledermaus. Mama hat ihm extra aus einem schwarzen Regenschirm Flügel gebastelt. So konnte er mit den Armen flattern. Auch Ben hat ein dazu passendes Kostüm bekommen.

Weil ihm das Verkleiden so großen Spaß macht, freut sich Elias schon sehr auf die Projektwoche. Sein Lehrer, Herr Maier, hat am Freitag die Themen bekannt gegeben. Zur Auswahl stehen Fußball, Handwerken, Tanzen und ein Theaterstück einüben. Natürlich hat er sich gleich für das letzte Thema entschieden. Die meisten Jungs in seiner Klasse haben sich für andere Bereiche interessiert. Elias hat seinen Wunsch noch nicht in die Liste eingetragen. Er hat Angst von den anderen Schülern ausgelacht zu werden, wenn er sich für das Theater spielen, anstatt für Fußball oder Handwerken entscheidet. Nur seine zwei besten Freunde, Liam und Moritz, kennen seine Wahl. Liam hat sich sofort für das Werken entschieden.

„Da kann man coole Sachen aus Holz machen, zum Beispiel ein Segelboot. Unten ist ein Holzbrett und in die Mitte kommt ein Ast. An dem kann man dann noch ein Segel aus Stoff befestigen. Ich freue mich schon darauf, es dann auf dem Bach fahren zu lassen!", erzählte er begeistert.

Moritz konnte sich noch nicht entscheiden. Er hat zu Elias gesagt: „Ich stehe auf jeden Fall hinter dir! Wenn du willst, spiele ich auch Theater. Mir ist es egal in welcher Gruppe ich bin."

Im Gegensatz zu Elias ist es Moritz egal, was andere von ihm denken.

„Ich wäre gerne so selbstbewusst wie du, Moritz!", antwortete Elias.

Am Sonntag bleibt die Familie zuhause. Sie machen einen Spielenachmittag. Alle lachen, als Ben wieder einmal „Snetterling", statt „Schmetterling" sagt.

„Mama, ich brauche dann noch eine Erlaubnis von dir für die Projektwoche", beginnt Elias.

„Natürlich, ich unterschreibe gleich. Weißt du denn schon für was du dich entscheidest?", fragt seine Mama neugierig.

„Ich möchte so gerne beim Theaterstück mitmachen. Aber vielleicht lachen mich die anderen Jungs dann aus", antwortet Ben bedrückt. „Entscheide dich für das, was du wirklich machen möchtest, Schatz! Stehe zu deinem Hobby. Unsere Unterstützung hast du auf jeden Fall!", motiviert ihn Mama.

„Genau", ergänzt Papa. „Wir sind immer stolz auf dich und werden dir zuschauen!"

„Jaaa", ruft Ben und klatscht in die Hände.

Am nächsten Morgen fährt Mama Elias zur Schule. Als er im Klassenzimmer ankommt, sieht er schon die Listen für die Projektwoche vorne am Lehrerpult ausliegen. Elias läuft selbstbewusst und zielstrebig nach vorne, nimmt sich einen Stift und schaut auf die Listen. Die meisten seiner Mitschüler haben sich bereits eingetragen. Auf der Liste für das Theaterstück stehen bisher nur Mädchennamen. Moritz sitzt auf seinem Stuhl und sieht gespannt zu. Als er merkt, dass Elias wie erstarrt ist, entscheidet er sich ihn zu unterstützen.

Er geht zu seinem Freund, nimmt ihm den Stift ab und schreibt seinen eigenen Namen auf die Liste der Theatergruppe. Die Jungs lachen und machen Witze.

„Besser gut schauspielern, als schlecht Fußball spielen", kontert Moritz gekonnt.

Jetzt traut sich auch Elias.

„Danke", flüstert er seinem Freund zu und lächelt.

Ihre Mitschüler lachen erneut. In der Pause unterhalten sich die drei Freunde.

„Ich finde es klasse, dass du dich so entschieden hast, Elias", sagt Liam.

„Die Aufführung am Ende der Woche wird bestimmt cool und dann vergeht den anderen ihr Lachen."

Elias antwortet: „Danke! Es ist schön, dass ihr mich immer unterstützt!"

„Dafür sind Freunde doch da", sagt Liam und klopft Elias auf die Schulter.

„Du bist dran!" Das war das Startsignal für eine Runde Fangen.

Später beim Mittagessen berichtet Elias seinen Eltern von seiner Entscheidung:

„Nachdem Moritz sich vor mir eingetragen hat, habe ich mich dann auch getraut. Ich bin froh, dass ich das gemacht habe. Morgen startet das Projekt schon und ich bin so aufgeregt, welches Theaterstück wir spielen!"

„Wirklich? Du hast dich getraut, obwohl die anderen Jungs gelacht haben? Ich bin sehr stolz auf dich! Da bin ich auch sehr gespannt, was du uns in den nächsten Tagen erzählst", sagt Mama und streichelt ihm dabei über die Haare.

Auch Papa freut sich. Obwohl Ben nicht versteht, worum es geht, ruft er:

„Super, Lias!" und klatscht in seine Hände.

Er merkt, dass sein großer Bruder etwas Großartiges gemacht hat.

Am darauffolgenden Tag ist es endlich so weit. Elias Theatergruppe trifft sich zum ersten Mal. Dafür ist extra ein richtiger Schauspieler gekommen.

„Mein Name ist Wilhelm, ihr dürft mich aber gerne Willi nennen. Zuerst einmal möchte ich mit euch eine Aufwärmübung machen."

Er bittet die Schüler aufzustehen und durch den Raum zu gehen. Auf Kommando dürfen die Schüler Gefühle nachspielen.

Willi sagt: „Glücklich!" Alle Kinder lachen und grinsen.

„Traurig!", ruft er als Nächstes. Die Kinder machen Geräusche, als würden sie weinen.

„Ihr seid ja richtige Naturtalente!", grinst Willi.

Elias fühlt sich in der Gruppe sehr wohl. Er ist froh, dass er nicht Fußball spielen muss. Sport liegt ihm nicht besonders. Nach der ersten Übung schlägt der Lehrer drei Themen für eine Aufführung vor. Danach teilt er kleine Notizkarten aus, auf denen die Kinder ihren Wunschtitel schreiben können. Nachdem alle Schüler fertig sind, sammelt er die Kärtchen in einer kleinen Schüssel.

„Wer hilft mir denn die Stimmen zu zählen?"

Anna meldet sich und hilft ihm bei der Auszählung. Am Ende liest Anna das Ergebnis laut vor: „die verhexte App". Die Kinder freuen sich. Bei dem Stück geht es um einen Jungen, der ein neues Handyspiel entdeckt. Da das Spiel verhext ist, kann er damit seine Mitschüler steuern. Wenn er „Pause" drückt, bleiben alle stehen. Bei „Vorspulen" laufen alle schneller. Elias ist froh, dass seine Mitschüler auch dieses Stück gewählt haben. Er findet es sehr witzig. Die restlichen Schulstunden verbringen sie damit die Rollen zu verteilen.

An diesem Tag kommt Elias freudestrahlend nach Hause. Als seine Mama ihn sieht, fragt sie:

„Elias, erzähl doch mal! Wie war das erste Treffen deiner Theatergruppe?"

„Es war super, Mama! Zuerst haben wir Übungen gemacht, die auch richtige Schauspieler machen und dann haben wir uns für ein Stück entschieden. Es heißt *die verhexte App*!", antwortet er.

Elias erzählt weiter, worum es in dem Stück geht.

„Und ratet mal wer die Hauptrolle spielen darf!", ruft Elias mit leuchtenden Augen.

„Du etwa?", möchte Papa wissen.

Als Elias zustimmt, freuen sich alle mit ihm. Auch Ben ist mächtig stolz auf seinen großen Bruder. Die nächsten Tage vergehen wie im Flug. Die Schüler proben viel.

Endlich ist es so weit! Heute ist Elias großer Tag. Er ist gestern extra früh ins Bett gegangen und hat heute Morgen ausgiebig gefrühstückt.

„Ein guter Schauspieler braucht ein ordentliches Frühstück", hatte Willi gesagt.

Mama fährt Elias in die Schule. Die Aufführung wird in der Turnhalle stattfinden. Zuerst wird die Gruppe aber noch einmal üben.

„Bis später, mein Schatz. Ich freue mich schon sehr darauf!", sagt Mama zum Abschied und drückt ihm einen Kuss auf die Wange.

„Ich habe dich lieb!", sagt sie, bevor sie wieder zum Auto zurückkehrt und wegfährt.

Elias Familie wird nachmittags zur Schule kommen, um ihn schauspielern zu sehen.

Der Raum füllt sich mit Zuschauern. Sie applaudieren, als die ersten Schauspieler auf der Bühne erscheinen. Die Jungs aus Elias Klasse grinsen, als sie ihn auf der Bühne stehen sehen. Die Aufführung beginnt. Elias steht allein auf der Bühne mit einem Smartphone in der Hand. Er wird vom Scheinwerfer beleuchtet.

„Puh, das ist ganz schön heiß", denkt er sich.

Als er in die Zuschauerrunde blickt wird er nervös. Trotzdem weiß er seinen Text und gibt sein bestes. Die Schüler spielen die verschiedenen Szenen. Als Elias die anderen plötzlich „steuern" kann, applaudieren die Zuschauer und lachen. Alle haben Spaß beim Zuschauen. Nach der Aufführung kommt die ganze Gruppe noch einmal auf die Bühne. Sie verbeugen sich gemeinsam mit Willi. Die Zuschauer sind außer sich. Es wird geklatscht, „Super!" gerufen und sogar gepfiffen. Auch die Jungs, die zuvor gelacht haben, strahlen und applaudieren. Elias und Moritz lächeln sich an. Sie konnten alle von der Theatergruppe überzeugen.

„Hoffentlich ist nächstes Jahr noch ein Platz frei!", hört Elias einen Jungen aus seiner Klasse sagen.

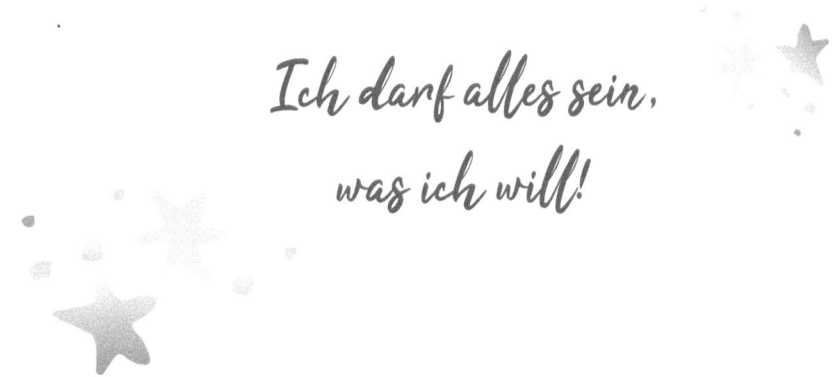

Ich darf alles sein,
was ich will!

Noah mit Ecken und Kanten

„Vorsicht, Noah!", ruft Nele.

Die beiden sind gerade auf dem Pausenhof. In der Mitte ist ein großer Baum. Um diesen stehen drei Bänke, auf denen die Schüler immer ihre Schultaschen ablegen. Der grüne Rucksack mit den Schmetterlingen von Nele ist runtergefallen. Die beiden spielen gerade Fangen, als Noah die Tasche seiner Freundin übersieht. Er stolpert darüber und landet auf dem Boden – mitten in einer Pfütze. Nervös, nass und mit schmutziger Hose schaut er um sich. Das ist nicht das erste Mal, dass ihm das passiert. Ein paar seiner Mitschüler haben seinen Sturz gesehen und lachen sich kaputt. „Pechvogel" haben sie ihn beim letzten Mal genannt, als er an der Türklinke im Klassenzimmer hängen geblieben ist. Seine Tasche ist ihm dabei aus der Hand gerutscht und auf den Fuß von Frau Winter, der Deutschlehrerin, gefallen. Auch heute ziehen seine Mitschüler ihn noch damit auf.

„Ist nicht so schlimm! Morgen haben es alle wieder vergessen. Du wirst schon sehen!", will Nele ihn trösten.

Egal was passiert, seine Freundin steht immer zu ihm.

Nach dem Unterricht laufen Noah und die Nachbarskinder zusammen nach Hause. Zu Hause angekommen wirkt er immer noch bedrückt.

„Hallo, mein Schatz! Was ist denn los?", fragt seine Mama besorgt.

„Es ist mir schon wieder passiert, Mama. Ich bin über Neles Rucksack gestolpert und alle haben gelacht", antwortet Noah leise.

Mama sagt immer, es ist schön, dass nicht jedes Kind gleich ist. Aber wenn er so tollpatschig ist, findet er das gar nicht gut. Papa ist noch auf der Arbeit und sein Bruder, David, kommt später von der Schule. So essen Mama und Noah allein zu Mittag.

„Weißt du, mein Schatz: *Ecken und Kanten gehören dazu. Sie formen den Charakter.* Wäre es nicht langweilig, wenn alle Menschen gleich wären? Papa und ich lieben dich genau so, wie du bist! Mit all deinen liebenswerten Besonderheiten!"

Nach dem Mittagessen macht Noah seine Hausaufgaben so schnell er kann. Leicht fällt es ihm nicht. Er ist ein sehr verträumter Junge. Während er versucht sich zu konzentrieren, muss er wieder an sein Missgeschick von heute Morgen denken. Erneut schämt er sich. Als sein großer Bruder nach Hause kommt, gehen sie gemeinsam in den Garten. Die beiden sind nur ein Jahr auseinander und stehen sich sehr nahe. Die Brüder könnten aber nicht unterschiedlicher sein. Noah ist sehr dünn, hat grüne Augen und blonde Haare. Er malt gerne und liest Comics. David hingegen ist kräftig gebaut und hat dunkle Haare. Er treibt gerne Sport und mag Mathematik. Trotzdem spielen sie gerne zusammen. Am liebsten Basketball. Ihre Eltern haben ihnen dafür ein kleines Basketballfeld in der Einfahrt errichtet.

Noah erzählt seinem Bruder was in der Schule passiert ist.

„Als du ganz klein warst, bist du mal hingefallen. Weißt du das noch? Das war auf dem Weg zum Kindergarten. Mama hast du dann erzählt, dass du der Straße guten Morgen gesagt hast!", lacht sein Bruder.

Diese Erinnerung bringt auch Noah zum Grinsen.

„David, warum bist du eigentlich nicht so tollpatschig wie ich?", möchte Noah wissen.

„Ich finde das gar nicht schlimm, Noah! Jeder hat seine Macken. Ich zum Beispiel will immer gewinnen!", grinst David und wirft den Ball in den Korb.

Noah fühlt sich schon viel besser. Es wäre ihm aber lieber, wenn das heute nicht passiert wäre.

Nach dem Spielen gehen die Jungs wieder ins Haus. Noah hilft seiner Mama beim Tisch decken. Er holt vier Gabeln aus der Küche und macht sich auf den Weg zum Esstisch, der im Wohnzimmer steht. Noah übersieht die Legosteine auf dem Boden. Kurz vor dem Tisch stolpert er darüber und eine Gabel fliegt im hohen Bogen davon. Sie landet mit den Zacken nach unten im Blumentopf.

„Oh, oh", sagt Noah und schaut abwartend zu Mama.

„Ist schon okay, mein Schatz. Es war keine Absicht", beruhigt sie ihn und zuckt mit den Schultern.

Mama liebt die Gartenarbeit. Weil es draußen noch etwas kalt ist, hat sie Blumentöpfe mit Samen im Zimmer stehen. Im letzten Jahr haben die Brüder zum Spaß die Beschriftungen ausgetauscht. Mama musste warten bis die kleinen Pflanzen wachsen, bevor sie wieder erkannt hat, wo die Schilder hingehören.

„Man, war sie da wütend!", erinnert sich Noah.

Am nächsten Tag treffen sich Noah und Nele an seinem Gartentor. Von hier aus laufen sie und die anderen Kinder aus der Nachbarschaft jeden Morgen gemeinsam in die Schule. Nele erzählt:

„Gestern war meine Cousine zu Besuch. Sie ist so witzig. Sie hat mir gezeigt, wie man die fiesesten Grimassen schneiden kann. Schau, so!"

Sie verzieht ihren Mund zu einem breiten Grinsen. Ihre Augen schauen dabei auf die Nase. Noah macht es nach. Die beiden lachen und probieren verschiedene Gesichter aus. Die Zeit vergeht dabei wie im Flug und sie erreichen die Schule.

In der ersten Stunde haben sie Mathematik. Frau Schuster, die Lehrerin, betritt die Klasse und erklärt den Schülern wie mit größeren Zahlen subtrahiert wird. Danach ruft sie die Kinder einzeln auf und stellt ihnen eine Aufgabe:

„Nele, was ist 90-15?"

Die Schüler rechnen schriftlich in ihren Heften. Nur Noah langweilt sich. Er ist sehr gut in Deutsch und Heimat- und Sachkunde. Mathematik interessiert ihn aber nicht. Anstatt dem Unterricht zu folgen, betrachtet er seinen Radiergummi. Zuhause hat er eine große Sammlung davon. Einer hat die Form eines Autos, ein anderer sieht aus wie eine Erdnuss. Sein liebster Radiergummi sieht aus wie ein 10€ Schein. Vor Kurzem war sein kleiner Cousin zu Besuch. Er nahm den Apfel-Radiergummi und wollte reinbeißen. Zum Glück konnte Mama das verhindern.

„Der sieht aber wirklich sehr echt aus!", dachte sich Noah.

Auch Nele gefällt seine Sammlung.

Da fällt Noah wieder ein, wie gestern alle Mitschüler über ihn gelacht haben.

„Die anderen sind doch auch nicht solche Pechvögel und stolpern ständig über alles", denkt er sich.

„Wie es wohl wäre, wenn ich das Erlebnis einfach weg-radieren könnte?", fragt er sich.

Er malt den gestrigen Vorfall kurz auf ein Blatt Papier, nimmt seinen Radiergummi und beginnt zu radieren. Er lächelt dabei.

„Wenn das geht, kann ich ja auch einfach meine ganze Toll-patschigkeit wegradieren. Damit könnte ich viele peinliche Situationen vermeiden. Und wenn ich schon dabei bin, kann ich ja gleich meine Segelohren wegradieren. Die haben mich schon immer gestört. Und auch die Sommersprossen auf meiner Nase, die Oma Barbara so süß findet."

Noah stellt sich vor, wie er alles ausradiert, was ihn von seinen Mitschülern unterscheidet.

„Jetzt bin ich genauso wie alle anderen und sie haben keinen Grund mehr über mich zu lachen!", denkt er.

Noah schweift immer weiter ab. Er hört nicht mehr zu, was seine Lehrerin erzählt. Stattdessen überlegt er:

„Eigentlich könnte ich auch die schlechten Eigenschaften der anderen aus meiner Klasse wegradieren. Matteo zum Beispiel ist immer so gemein. Ich radiere seine Wut weg. Paula lacht immer so laut. Das kann auch weg."

Verträumt radiert er immer weiter, bis ihm auffällt, dass alle Kinder auf einmal gleich aussehen. Kein Kind hat schlechte Eigenschaften. Auch Besonderheiten gibt es keine mehr. Die Schüler sind alle gleich. Niemand unterscheidet sich mehr voneinander.

„Wer ist denn nun wer?", fragt er sich.

Noah überlegt, wie er sie erkennen kann. Und mit wem möchte er befreundet sein?

„Hmmm, eine besondere Eigenschaft hier und da ist wohl doch sinnvoll", fällt ihm auf.

Also beginnt er wieder seinen Mitschülern und zuletzt sich selbst die besonderen Merkmale, die jeden Einzelnen ausmachen, zurückzugeben.

„Noah! Noaaaah? Was ist 85-23?", fragt Frau Schuster.

Noah schreckt auf. Er war ganz in seinen Gedanken versunken. Verwirrt blickt er umher und freut sich, dass alle Mitschüler so aussehen wie immer. Mit der rechten Hand greift er an sein Ohr und freut sich über die Segelohren, die ihn zuvor gestört haben. Er schreibt die Zahlen in sein Heft und antwortet:

„Hmmm, 52?"

„Du bist nah dran! Das Ergebnis lautet 62", korrigiert ihn seine Lehrerin.

Mathe liegt ihm wirklich nicht. Aber das ist in Ordnung. Wie langweilig wäre die Welt, wenn jeder gleich aussehen oder sich gleich verhalten würde und jedes Kind dasselbe gut fände.

„Ich bin gut, so wie ich bin! Auch meine Familie und Freunde mögen mich genauso wie ich bin. Mit all meinen Ecken und Kanten", merkt Noah.

„Ich bin zwar tollpatschig, dafür bin ich aber auch lustig und kreativ."

Jeder Mensch, ob groß oder klein, ist einzigartig!

Ich bin gut, so wie ich bin!

Tims magische Weltraumdecke

Nur noch einmal schlafen, dann ist Samstag. Papa und Tim werden endlich zelten gehen. Tim kann es kaum erwarten. Ein bisschen Angst hat er aber auch. Es wird dunkel sein und vielleicht hört man nachts auch Tiere rascheln. Zum Glück hat er aber seine coole Weltraumdecke. Tim ist etwas kleiner und ängstlicher als die anderen Kinder in der Schule. Deshalb fühlt er sich nicht so stark. Mit seiner Decke fühlt er sich aber mutiger. Sie ist blau mit Sternen und Planeten. Sogar ein Astronaut ist in der Mitte zu sehen. Wenn man das Licht ausmacht, leuchten die Sterne im Dunkeln. Da er sie immer bei sich hat, sieht sie schon etwas mitgenommen aus. Aber das macht nichts, Tim liebt seine Decke über alles. Für ihn hat sie magische Kräfte. Auch morgen zum Zelten wird er seine Decke mitnehmen. Sie wird ihn beschützen. Seine Mama sagt immer:

„Wahre Stärke kommt von innen!"

„Aber was meint sie damit?", fragt sich Tim.

Einmal hat Papa ihm verraten, dass auch er eine besondere Decke hat. Gezeigt hat er sie ihm auch. Sie ist ziemlich alt und man kann das Rennauto auf ihr kaum noch erkennen. Aber wegwerfen will Papa sie auf keinen Fall.

„Ich war ungefähr in deinem Alter", hat Papa erzählt.

„Da habe ich gemerkt, dass ich meine Decke eigentlich gar nicht mehr brauche. Sie ist in Opas Gepäck gerutscht, als er den Koffer für seinen Urlaub am Gardasee gepackt hat. Und als ich sie endlich wieder hatte, war das Autorennen schon vorbei. Gemeinsam mit den Nachbarskindern haben wir aus alten Reifen, Holzplatten und Nägeln kleine Rennautos gebastelt und ein Wettrennen veranstaltet. Ich war mutig und bin in meinen Wagen gestiegen, auch ohne Decke. Und am Ende habe ich sogar das Rennen gewonnen. Man, war ich stolz auf mich!"

An diese Geschichte muss Tim denken, als er mit seinen Eltern im Wohnzimmer sitzt. So mutig wie Papa wird er wohl nie sein, denkt er sich. In Gedanken verloren überhört er seine Mama zuerst.

„Tim, das Bett wartet auf dich", sagt sie erneut.

„Ich will aber noch nicht schlafen!", beschwert sich Tim.

„Komm schon, Tim, morgen ist ein großer Tag", antwortet sie.

Tim putzt sich die Zähne und zieht seinen Lieblingsschlafanzug an. Auf ihm sind Planeten und Sterne abgebildet, passend zu seiner Decke.

„Na komm, mein Schatz. Lass uns in dein Zimmer gehen. Du darfst dir ein Buch aussuchen und dann lese ich dir noch eine Geschichte vor", schlägt Mama vor.

Sie gehen gemeinsam in Tims Zimmer, als er plötzlich im Flur stehen bleibt. Eine Spinne huscht vorbei und wird kurz vor ihm langsamer.

„Mamaaa! Eine Spinneee!", schreit Tim auf.

Schnell krabbelt sie weg und verkriecht sich unter dem Schrank.

„Tim, jetzt hast du sie aber verschreckt. Im Garten würde sie sich bestimmt wohler fühlen", sagt Mama.

„Nein, die Spinne hat MICH erschreckt! Die hat doch bestimmt keine Angst vor mir!", antwortet Tim.

Schnell zieht er seine Socken aus und wirft sie über seine Schulter nach hinten, ohne darauf zu achten, wo sie hinfliegen. Eine Socke landet auf der Stuhllehne und die andere auf Mamas Kopf!

„Oh", hört Tim seine Mama sagen und dreht sich um.

Als er sie sieht, muss er laut lachen. Auch Mama lacht los. Nachdem sie sich wieder beruhigt haben, klettert er in sein Bett und krabbelt schnell unter die Decke.

„Liest du mir bitte noch die Geschichte mit der Schlange, die einen Sprachfehler hat, vor? T-z-t-z-t-z", freut sich Tim.

„Ja gut, leg dich hin und schließ deine Augen."

Während Mama die Geschichte vorliest, wird Tim immer müder, bis er die Geschichte nur noch ganz leise hört. Während er langsam einschläft, muss er wieder an die furchtlose Spinne denken, die vorbeigekrabbelt ist.

Plötzlich schreckt Tim auf. Er spürt, wie ihn etwas anstupst. Tim blinzelt mit den Augen und sieht seine Astronautendecke. Sie versucht ihn zu wecken. Tim erschrickt. Die Decke gibt ein Zeichen mit der Ecke, als wolle sie sagen:

„Komm mit, Tim!"

Er vertraut seiner Decke vollkommen und so sieht er gespannt zu, was passiert. Tim kann kaum glauben, dass seine Decke sich bewegt. Sie hebt sich von seinem Bett ab. Die Sterne auf ihr leuchten hell. Er weiß nun, was sie möchte. Tim setzt sich auf den Astronauten und wartet ab. Die Decke hebt sich langsam und schwebt dann aus dem Fenster. Sie fliegen hoch in den Himmel in Richtung Sterne. Schnell erreichen die beiden eine Wolke. Plötzlich wird es hell und Tim erblickt eine Wiese, Bäume und die wunderschönsten Blumen, die er je gesehen hat. Es ist wieder Tag und die Sonne scheint. Die Decke lässt ihn hier ab, so richtig wohl ist ihm aber nicht dabei. Tim ist hier zum ersten Mal und auch ganz allein. Er bewegt sich nur auf Zehenspitzen und schaut vorsichtig in alle Richtungen. An ihm fliegt ein Schmetterling vorbei. Auf seinen Flügeln ist ein Muster. Es sieht aus wie zwei Augen, die ihn bei jedem Flügelschlag anblinzeln. Tim steht mit offenem Mund da und staunt. Langsam läuft er über die Wiese. Ganz weit weg entdeckt Tim ein Tier. Er weiß nicht, was es genau ist. Als das Lebewesen näherkommt, erkennt er, dass es groß und schwarz ist. Kurz darauf kommt es schnell in seine Richtung gekrochen. Eine riesengroße Spinne steht nun vor ihm! Sie ist haarig und hat viele funkelnde Augen und lange Beine. Tim erschrickt und erstarrt. Seine Decke weiß genau, dass er Unterstützung braucht. Um ihn zu stärken, legt sie sich wie ein Umhang um seine Schultern. Sobald er sie auf seinem Rücken spürt, fühlt sich Tim wie ein Superheld! Er nimmt seinen ganzen Mut zusammen und brüllt:

„Haaaalt!"

Die Spinne erstarrt und bekommt große Angst. Plötzlich schrumpft sie auf die Größe einer klitzekleinen Maus.

Als Tim sieht, wie ängstlich sie aussieht, tut es ihm leid. Er erkennt, dass auch die Spinne manchmal Angst bekommt, obwohl sie so groß und gruselig aussieht. Er schnauft auf und sagt:

„Ich wusste nicht, dass du auch Angst hast. Ich weiß, wie das ist! Komm, ich helfe dir!"

Obwohl er glaubt, dass er den Umhang braucht, um stark zu sein, nimmt er ihn ab. Tim nimmt all seinen Mut zusammen und legt seine Astronautendecke wie einen Umhang der Spinne über. Sogleich wird die Spinne wieder größer und lächelt Tim an.

„Vielen lieben Dank für deine Hilfe!", sagt sie.

„Ich habe ein Geschenk für dich."

Vor der Spinne erblickt Tim einen Stein. Wenn man ihn eine Weile betrachtet, sieht er aus wie eine zusammengerollte Spinne.

„Damit du dich immer daran erinnerst, wie mutig du bist!", sagt die Spinne.

Tim wundert sich, dass sie reden kann.

„Ist das ein verrückter Ort!", denkt er sich.

In dem Moment kommt seine Decke wieder zu ihm geflogen und bietet ihm an, aufzusteigen. Tim springt auf den Astronauten und winkt der Spinne zum Abschied. Die Spinne winkt zurück und krabbelt in die hohe Wiese, aus der sie kam. Dort fühlt sie sich richtig wohl. Tim fragt seine Decke, ob sie zum nächsten Abenteuer fliegen. Der Junge fühlt sich nun mutig und stark. In der Ferne hört er eine Stimme.

„Tim", ruft sie leise.

„Guten Morgen, mein Schatz! Hast du gut geschlafen?"

Tim öffnet seine Augen. Seine Mama steht vor seinem Bett und lächelt ihn an. Aus Tim sprudeln die Worte nur so heraus.

„Mama, du wirst nicht glauben, was ich heute Nacht erlebt habe!"

Tim erzählt ihr alles im Detail.

„Wow, Tim, du hast ja spannende Träume! Die Spinne war größer als du? Und du hast ihr geholfen und hast ihr sogar deine magische Decke gegeben? Ich finde es super, wie mutig du warst!", lächelt sie.

„Ja!", antwortet Tim stolz.

„Ich wusste, dass sie Hilfe braucht. Und weißt du, Mama. Die Spinne fühlt sich am wohlsten im hohen Gras."

„Ja, da hast du Recht!"

Sie steht auf und geht in Richtung Tür.

„Ich richte gleich das Frühstück, ziehst du dich bitte an und kommst dann runter, mein Superheld?", sagt Mama liebevoll und verlässt das Zimmer.

Auf dem Weg zur Küche begegnet ihm erneut die kleine Spinne. Er lächelt und geht mutig in die Hocke.

„Na, du kleine Spinne. Ich weiß, dass du auch Angst hast. Das ist okay. Aber denk daran, auch du kannst stark sein! Warte kurz."

Tim geht zu seinem Schreibtisch und nimmt sich ein Blatt Papier. Mit diesem hebt er die Spinne vorsichtig an, sodass sie darauf klettern kann.

„Ich bringe dich in den Garten! Da gefällt es dir bestimmt gut!", sagt Tim.

Als er am Esstisch ankommt, sagt er zu Papa:

„Ich freue mich schon riesig auf das Zelten heute! Ich kann es kaum erwarten!"

„Nanu?", fragt Mama, als sie Tim erblickt.

„Wo ist denn deine Decke?", will sie wissen.

„Die brauche ich jetzt nicht mehr! Wahre Stärke kommt von innen, Mama!", grinst Tim und versteht jetzt endlich, was seine Mama damit meint.

Ich bin mutig und stark!

Familie ist immer für dich da

Familie Wagner beginnt jeden Samstagmorgen mit einem ausgiebigen und leckeren Frühstück. Während Mama den Tisch deckt, holt sich Papa seine Zeitung aus dem Fach an der Hauswand. Der 8-jährige Paul ist schon ganz ungeduldig.

„Dauert es noch lange bis wir endlich anfangen?", fragt er.

Paul möchte nach dem Frühstück zu seinem Freund Jonas. Mit ihm spielt er jedes Wochenende im Garten. Paul hat zwar auch einen Rasen hinter dem Haus, aber da sind immer seine zwei nervigen, großen Schwestern, Anna und Leonie. Sie legen sich stundenlang in die Sonne, weil sie unbedingt braun werden wollen.

„Du stehst im Weg" oder „Du wirfst einen Schatten auf mich!", muss er sich dann ständig anhören. Paul denkt sich oft:

„Wenn sie noch ein paarmal so in der Sonne liegen, könnte man sie mit einem Krebs verwechseln", und rollt mit den Augen.

In Pauls Familie haben alle sehr helle Haut und werden beim Sonnenbaden allerhöchstens rot.

„Iss bitte in Ruhe, Pauli! Du brauchst doch Energie zum Spielen", sagt Mama besorgt.

„Och Mama!", ruft Paul. „Hör auf mich immer so zu nennen!"

Mal wieder hat Mama ihn Pauli genannt. Das mag er gar nicht. Paul geht schon in die Grundschule und so werden nur Babys genannt. Er setzt sich zu seinen Eltern an den Frühstückstisch. Anna und Leonie schlafen noch.

Papa blättert wie jeden Morgen in der Zeitung. Hin und wieder hört man ein „ach" und „mhm". Was Paul aber am allerwenigsten leiden kann ist, wenn Papa dabei „Aha! Aha! Habe ich's doch gesagt!" zum tausendsten Mal von sich gibt und dabei wild mit dem Finger fuchtelt. Paul ist ganz schön genervt von seinen Eltern. Er versteht nicht, warum gerade seine Eltern solche Angewohnheiten haben.

„Puuuh!", sagt Paul und verdreht dabei die Augen.

„Mama, Papa, ich gehe jetzt zu Jonas. Bis nachher", platzt es aus ihm heraus und er rennt aus der Tür, ohne zurückzuschauen.

Sein Freund wohnt nur zwei Häuser weiter. Als er drüben ankommt klingelt Paul und wartet ungeduldig. Jonas Mama öffnet die Tür und lässt ihn herein. Die beiden Jungs flitzen direkt in den Garten. Das Wetter ist super und so zieht Paul seinen Pulli aus, wirft ihn über die Lehne vom Gartenstuhl und rennt auf die Wiese.

„Hey Paul, schau mal was wir Neues haben! Endlich habe ich mein eigenes Klettergerüst bekommen. Komm, wir probieren es gleich aus!", ruft Jonas begeistert.

Auch Pauls Augen leuchten beim Anblick des großen Gerüsts. Sie klettern immer wieder auf und ab, dabei erzählt Jonas von seiner Mama:

„Immer, wenn sie wütend wird, hört es sich an, als würde sie singen. *Jooonaaas, wie ooooft habe ich dir schon gesaaagt, dass du das nicht machen soooollst*", macht Jonas seine Mama lustig nach.

Die Jungs lachen und merken, dass ihre Eltern Angewohnheiten haben, die sie beide ganz schön nerven.

„Was ist so witzig da hinten?", ruft Jonas Mama lächelnd.

„Ach nichts, Mama. Alles gut. Paul hat mir gerade nur einen Witz erzählt", flunkert Jonas. Die Jungs kichern leise weiter.

Mittlerweile sind schon zwei Stunden vergangen. Während Jonas Mama das Mittagessen vorbereitet, will Paul noch ein letztes Mal nach oben klettern.

Als er seinen Fuß auf eine Sprosse der Leiter setzen möchte, rutscht er plötzlich ab. Paul fällt Richtung Boden und haut sich dabei den Kopf fest an den Sprossen an. Er landet auf seinem Arm und schreit auf:

„Aua, aua! Mein Kopf! Mein Arm!"

Jonas kommt sofort zur Hilfe und ruft seine Mama herbei.

„Ich glaube, du solltest lieber ins Krankenhaus fahren, um sicher zu gehen, dass nichts gebrochen ist. Außerdem sollte man immer auf Nummer sicher gehen, wenn man sich den Kopf stößt. Du könntest eine Gehirnerschütterung haben", erklärt Jonas Mama besorgt.

„Jonas, geh doch bitte schnell rüber zu Pauls Haus und hol seine Mama."

Als Pauls Mama ankommt, rennt sie gleich zu ihm und gibt ihm einen sanften Kuss auf die Stirn.

„Geht es Paul? Tut es arg weh? Komm ich helfe dir! Papa kommt auch gleich. Dann fahren wir ins Krankenhaus."

Seine Mama hilft ihm ins Auto. Da kommt auch schon Papa aus dem Haus gerannt, mit seinem Hemd halb aus der Hose hängend und nur einem Schuh an. Während er zum Auto rennt, versucht er sich noch schnell den Zweiten an den Fuß zu stecken. In der Hand hält er die Versichertenkarte von Paul.

„Okay, ich bin da! Lasst uns losfahren! Mensch, Paul, wie ist das denn passiert?", erkundigt sich sein Papa.

Auf dem Weg zum Krankenhaus erzählt Paul seinen Eltern wie er gefallen ist. Er ist froh, dass seine Eltern sofort gekommen sind. Mittlerweile hat er eine dicke, schmerzhafte Beule auf der Stirn.

Im Krankenhaus wird Paul von einem Arzt untersucht.

„Es ist zum Glück nichts gebrochen. Da du aber auf deinen Kopf gefallen bist, möchten wir dich vorsichtshalber über Nacht hierbehalten. Nur um sicher zu gehen, dass alles in Ordnung ist. In deinem Zimmer hast du dann einen roten Alarmschalter am Bett hängen. Sollte dir schwindelig oder übel werden, dann drücke auf den Knopf und wir sind ganz schnell bei dir. Wenn die Nacht ohne Probleme verläuft, können dich deine Eltern gleich morgen früh wieder mitnehmen."

Paul schaut traurig zu Mama und Mama zu Paul. Ohne Worte verstehen sich die beiden. Paul möchte nicht allein im Krankenhaus bleiben. Alles ist so fremd hier. Am liebsten würde er mit seinen Eltern direkt wieder nach Hause fahren. Mama und Papa bleiben so lange, bis der Krankenpfleger kommt und sie bittet, sich zu verabschieden.

„Ein Elternteil darf natürlich über Nacht bleiben", sagt er.

Paul ist unglaublich froh, dass er die Nacht nicht allein im Krankenhaus verbringen muss. Er entscheidet sich für Papa. Der erzählt immer so spannende Gute-Nacht-Geschichten.

„Okay Paul, ich fahre jetzt nach Hause. Habt eine gute Nacht und bis morgen. Ich habe dich sehr lieb!", sagt Mama und drückt Paul vorsichtig zum Abschied.

„Papa, kannst du mir die Geschichte vom besten Torwart aller Zeiten erzählen?", fragt Paul ungeduldig. Papa lacht und antwortet:

„Du meinst die Geschichte von dir, als du mit deiner Fußballmannschaft das Spiel gegen das Nachbardorf gewonnen hast?"

„Genau die!", grinst Paul. Die beiden legen sich in das Krankenbett und Papa beginnt mit der Geschichte.

Aber Paul kann sich gar nicht richtig darauf konzentrieren. Wie schön wäre es jetzt, wenn er wie jeden Abend einen Kuss von Mama auf die Stirn bekommen könnte und sie ihm noch durch seine Haare streicheln würde. Paul vermisst seine Mama ganz schön. Nachdem er eingeschlafen ist, vergeht die Nacht aber schnell.

Die ersten Sonnenstrahlen glitzern durch das halb geöffnete Rollo und Paul öffnet langsam seine Augen.

„Pauliiiii", hört er in Gedanken.

Er würde seine Mama jetzt gerne drücken und bei sich haben. Gerade in dem Moment öffnet sich die Türe und Mama kommt herein.

„Ich bin gleich losgefahren, als ich wach wurde. Guten Morgen, ihr zwei", sagt sie strahlend.

„Komm Pauli, der Arzt sagt, du darfst schon gehen. Steh langsam auf, ich helfe dir mit deinen Sachen."

Die Familie verabschiedet sich noch bei den Krankenpflegern, die sich so gut um alle gekümmert haben und verlässt dann das Krankenhaus.

„Mama, es tut leid, dass ich böse auf euch war. Ich war einfach so genervt, weil ich nicht will, dass du mich Pauli nennst. Ich bin schon groß und kein Baby mehr", sagt Paul.

Mama schaut Paul verständnisvoll an und antwortet:

„Oh Paul, ich wusste nicht, dass dich das so arg stört. Ich verstehe dich und gebe mir Mühe, dich nicht mehr Pauli zu nennen. Ich freue mich, dass du mir das gesagt hast! Du weißt doch: Du kannst immer zu Papa und mir kommen, wenn dir etwas auf dem Herzen liegt. Ich möchte dir ein Geheimnis verraten: Wir Eltern sind nicht perfekt. Auch wir machen Fehler. Genauso wie auch du Fehler machen darfst. Wichtig ist nur, dass wir ehrlich zueinander sind und nicht vergessen, dass wir über alles sprechen können. Wir sind eine Familie und lieben uns mit all unseren Ecken und Kanten."

Mama lächelt und wuschelt mit ihrer Hand vorsichtig durch Pauls Haar.

Auf der restlichen Fahrt nach Hause erzählt Papa noch die Geschichte vom besten Haushaltshelfer: Paul hatte einmal versucht Mama beim Wäschewaschen zu helfen und dabei die 3-fache Menge Waschmittel verwendet. Beim Waschen sprudelten Unmengen an kleinen Seifenblasen aus der Maschine und das ganze Badezimmer glich einem Schaumbad.

Zuhause angekommen erblickt Paul den liebevoll gedeckten Frühstückstisch.

„Oh ja! Ich habe riesigen Hunger!", ruft er und setzt sich an den Tisch.

Sein Papa setzt sich zu ihm und blättert in der Zeitung:

„Ahaaaa! Habe ich's doch gesagt!", ruft er mal wieder und fuchtelt mit seinem Finger umher. Paul muss grinsen. Da kommen auch schon seine beiden großen Schwestern zum Frühstück. Leonie sagt:

„Wir haben uns ganz schön Sorgen um dich gemacht, kleiner Mann."

„Schön, dass du wieder bei uns bist", ergänzt Anna.

Eigentlich findet Paul seine Schwestern doch nicht so doof. Manchmal gehen sie sogar mit ihm ins Freibad, wenn Mama und Papa keine Zeit haben.

Auch Mama setzt sich zu ihnen und nimmt Paul in den Arm:

„Ach, mein Pauli! Ich freue mich so, dass du wieder da bist!"

Gerade als Paul sich über den Namen beschweren will, ergänzt seine Mama:

„Oh, entschuldige. PAUL meine ich natürlich! Ich hoffe, dass es mir nicht mehr herausrutscht. Ich weiß, dass du das nicht magst, und deine Meinung ist mir wichtig!"

Paul freut sich sehr, wieder bei seiner Familie zu sein und von ihr verstanden zu werden.

Meine Meinung ist wichtig!

Nils erste Übernachtung

„Nils, schau mal, Papa kommt", sagt Mama.

Heute ist ein besonderes Wochenende, denn Nils darf zum ersten Mal bei seinem Freund übernachten.

„Bist du schon bereit?", fragt Papa ihn.

Nils hat noch nie bei einem Freund übernachtet. Heute Nacht darf er bei Theo schlafen. Die beiden kennen sich seit dem Kindergarten und auch seine Eltern sind gut befreundet.

„Ich freue mich schon darauf, aber ein bisschen komisch ist es auch", antwortet er seinem Vater.

„Du brauchst keine Angst haben, mein Junge. Wir bleiben ja noch zum Abendessen", sagt Papa.

Später hilft Mama beim Packen, damit Nils auch nichts vergisst.

„Mein Schatz, willst du etwas mitnehmen, das dich an uns er-innert? Ein Foto vielleicht?"

„Nein, Mama, das ist voll peinlich!", erwidert Nils.

Als er seine gepackte Tasche sieht, ist ihm mulmig zumute.

„Mama, ich darf euch doch anrufen, wenn irgendetwas sein sollte?"

„Ja, natürlich! Mache dir keine Sorgen. Ihr werdet sicher viel Spaß zusammen haben. Und wenn du doch lieber zuhause schlafen möchtest, darfst du jederzeit anrufen und wir holen dich wieder ab!"

Die Antwort seiner Mama beruhigt Nils. Er mag Theo sehr gerne. Die Nacht getrennt von seinen Eltern zu verbringen, ist jedoch neu für ihn.

Seine ältere Schwester, Laura, ist schon 19 Jahre alt. Sie wird heute Abend auf die kleine Schwester aufpassen. Laura würde sich zwar lieber mit ihren Freunden treffen, ihrem kleinen Bruder zuliebe bleibt sie aber zuhause.

„Laura, wenn irgendwas ist, melde dich gleich bei uns!", sagt Mama.

„Zum Essen könnt ihr euch eine leckere Pizza bestellen. Ich habe dir zwanzig Euro unter die Kaffeekanne gelegt."

„Ja, ist gut. Wir kommen schon klar. Viel Spaß euch!", er-widert Laura.

Nach der Verabschiedung fahren sie los zu Familie Klammer. Unterwegs fällt Nils wieder ein, wie Theo das erste Mal bei ihm geschlafen hat. Sie schauten sich eine DVD an und spielten daraufhin die Szenen nach. „Uuuund Action" war ihr Lieblings-spruch. Nils kleine Schwester war so neugierig, dass sie immer wieder zu ihnen ins Zimmer kam.

„Man, war das nervig", erinnert sich Nils zurück.

„Zum Glück hat Theo keine Geschwister. So kann uns heute niemand stören."

Nach zehn Minuten kommen Nils und seine Eltern bei Theos Familie an.

„Herzlich willkommen!", begrüßt Theos Mama die Gäste.

„Schön, dass ihr da seid!", ergänzt sein Papa. Auch die Jungs begrüßen sich und verschwinden gleich im Zimmer. Ihre Lieblingsbeschäftigung bei Theo zuhause ist Play Station spielen. Allzu lange dürfen die Jungs aber nicht spielen, sagen ihre Eltern. „Teamplayer" mögen sie besonders gern. In diesem Spiel erledigen die beiden gemeinsam bestimmte Aufgaben. Um zu gewinnen, müssen sie sich gegenseitig unterstützen.

„Geschafft!", ruft Theo, als seine Spielfigur die Schatztruhe öffnet.

„High five!", fordert Nils seinen Freund auf.

Sie schlagen ein und lachen.

„Nur noch zwei Level, dann kommen wir zum großen Piraten-boss. Das wird die schwierigste Aufgabe!", murmelt Theo er-staunt.

So weit hatten die beiden es zuvor noch nie geschafft.

„Essen ist fertig!", ruft Theos Mama plötzlich.

„Mama, bitte nur noch eine Runde! Wir sind schon so weit gekommen", bittet Theo.

„Na gut. Aber wirklich nur noch eine Runde und dann kommt ihr gleich runter. Das Essen wird sonst kalt", willigt Theos Mama ein.

Nachdem die Jungs die nächste Aufgabe nicht lösen können, gehen sie in das Esszimmer.

„Aber nach dem Essen probieren wir es gleich nochmal. Zu-sammen schaffen wir das bestimmt!", sagt Nils.

„Best Team!", ergänzt Theo auf Englisch.

Beim gemeinsamen Abendessen unterhalten sich die Familien über den letzten Urlaub. Gemeinsam sind sie an die Ostsee gefahren.

„Es war so schön!", schwärmt Theos Mama.

Die Jungs sagen, dass es ihnen dort nicht gefallen hat. Der Fernseher und auch die Play Station haben gefehlt. Stattdessen haben sie den ganzen Sommer am Strand verbracht und im Meer die Unterwasserwelt erforscht. Dabei haben sie Taucherbrillen getragen, die das gesamte Gesicht bedeckten. So ist ihnen kein Wasser in die Nase gelaufen.

„Ja, okay. Das war schon cool", muss Nils zugeben.

Nach dem Essen verabschieden sich seine Eltern.

„Also dann, viel Spaß euch Zwei. Wenn irgendwas ist, ruf einfach an", sagt Mama zu Nils.

„Ich weiß doch. Das hast du mir schon gesagt! Was soll schon sein?", erwidert Nils ganz locker.

„Du kannst dich bei uns wie zuhause fühlen. Das weißt du doch?", fragt Theos Mama.

Nils nickt und umarmt seine Eltern zum Abschied.

„Zurück zu Teamplayer!", ruft Theo und grinst seinen Freund an.

Die Jungs verschwinden wieder im Zimmer. Nach 10 Minuten fordert Theos Papa die beiden auf, sich die Zähne zu putzen und ihren Schlafanzug anzuziehen.

„Es ist schon spät. Wenn ihr wollt, könnt ihr noch etwas Ruhigeres spielen. Aber dann geht es bald ins Bett. Die Play Station wird jetzt ausgemacht."

„Spielen wir noch eine Runde Verstecken?", fragt Theo.

„Na klar, du suchst!", ruft Nils und verlässt zügig das Badezimmer.

Er geht von Raum zu Raum, um das beste Versteck zu finden. Er entscheidet sich für Theos Kleiderschrank. Schnell steigt Nils ein und schließt die Tür von innen. Eine ganze Weile ist schon vergangen. Theo sucht immer noch.

„Es ist schon ziemlich dunkel hier drin", denkt Nils.

„Oh, was ist das?", ruft er laut.

Nils fühlt etwas an seinem Finger. Dabei stellt er sich vor, wie eine Maus seinen Arm hochklettert. In Panik reißt er die Schranktür auf und sieht zurück auf den Schrankboden. Zum Glück ist es nur ein altes Stofftier, das sein Freund im Schrank liegen hat.

Nach diesem Schreck fällt ihm auf, dass er sein Zuhause vermisst. Theo betritt sein Zimmer.

„Da bist du ja! Aber wirklich versteckt hast du dich nicht", wundert er sich.

„Doch, ich war im Schrank und dann..." Nils hört auf zu erzählen und setzt sich auf Theos Bett.

Theo folgt ihm und nimmt neben seinem Freund Platz.

„Weißt du, Theo. Ich vermisse mein Zuhause", sagt er betrübt und schämt sich ein wenig.

„Oh, wie kann ich dir denn helfen?", möchte Theo wissen.

„Ich weiß auch nicht", sagt Nils.

„Lass uns mal meine Mama fragen", schlägt sein Freund vor.

Als Nils sich ihr anvertraut, lässt sie ihm die Wahl:

„Du kannst sehr gerne hierbleiben und wir schauen, was wir tun können oder wir rufen deine Mama an. Dann probieren wir die Übernachtung einfach ein anderes Mal. Egal, wie du dich entscheidest. Hauptsache du fühlst dich wohl dabei."

„Mhhh, ich glaube, ich würde doch ganz gerne nach Hause gehen. Es tut mir leid", antwortet Nils.

„Du musst dich doch nicht entschuldigen! Es ist überhaupt nicht schlimm. Ich ruf schnell deine Mama an und gebe ihr Bescheid", sagt Theos Mama.

Als seine Mutter ihn abholen kommt, ist Nils immer noch betrübt.

„Mama, ich habe euch auf einmal sehr vermisst."

Seine Mama antwortet:

„Alles gut, mein Schatz. Das ist völlig in Ordnung. Wir probieren es einfach nächsten Freitag nochmal. Was meinst du?"

Nils stimmt seiner Mama zu und freut sich auf sein Zimmer. Da er seinen Schlafanzug bereits trägt, kann er zuhause direkt in sein Bett krabbeln.

„Schlaf gut", sagt Papa zu ihm nach zwei Runden Daumendrücken.

Direkt am nächsten Morgen planen die Jungs den nächsten Übernachtungsversuch. Dieser soll wieder am Freitag stattfinden. Da am nächsten Morgen keine Schule ist, bietet sich dieser Tag an. Nils zählt die Tage bis zur Übernachtung. Dazu markiert er im Familienkalender das Datum mit einem Kreuz.

„Schon wieder zuhause bleiben", ergänzt seine große Schwester und zeichnet einen unzufriedenen Smiley daneben.

Heute ist Freitag und Nils packt erneut seine Sachen. Dabei unterhält er sich mit seinen Eltern.

„Mama, vielleicht nehme ich doch lieber ein Foto mit. Nur für alle Fälle", sagt Nils unsicher.

„Gute Idee, mein Schatz. Und wenn du dich unwohl fühlst, schaust du es dir an und denkst an uns", erwidert seine Mama.

Auch dieses Mal begleiten seine Eltern ihn noch bis zu Theos Familie. Heute gibt es Pfannkuchen. Theos Papa weiß, dass Nils dieses Gericht besonders gerne mag.

„Lasst es euch schmecken", sagt er zu seinen Gästen.

Alle bemühen sich den Abend für Nils so angenehm wie möglich zu gestalten. Nach dem Abendessen verabschieden sich seine Eltern von ihm.

„Du kannst gerne wieder anrufen, falls irgendetwas sein sollte", sagt seine Mama mit einer sanften Stimme. Flüsternd ergänzt sie:

„Und denk daran: Du hast ein Foto in deiner Tasche, das dich an uns erinnert. Du hast uns also immer bei dir."

Daraufhin gibt sie ihm einen Kuss auf die Stirn.

„Mama, das ist peinlich", erwidert Nils und fährt mit seinem Ärmel über die Stelle in seinem Gesicht.

„Komm, wir spielen Teamplayer!", ruft Theo.

„Diesmal schaffen wir es!", freut sich Nils.

Die Jungs spielen einige Runden, bevor Theos Mama sie bittet, die Spielekonsole auszuschalten und sich bettfertig zu machen. In dem Moment ändert sich Nils Laune schlagartig und er fühlt einen Kloß im Hals. Da fällt ihm das Foto ein, das Mama ihm mitgegeben hat. Er holt es aus der Tasche und nimmt es mit ins Badezimmer. Dort sieht Nils sich das Familienbild an und lächelt.

„Ich weiß, ich könnte jetzt auch zuhause anrufen. Aber dieses Bild gibt mir schon genug Selbstvertrauen!", denkt er sich.

Als er aus dem Badezimmer kommt, legt Nils das Foto unter seinen Kissen. Mit seiner Familie unter dem Kopfkissen fühlt er sich mutig und stark. Die beiden Jungs legen sich ins Bett und planen den nächsten Zug in ihrem Videospiel.

„Ja, so machen wir es", flüstert Nils kurz bevor sich seine Augen schließen und er einschläft.

Ich bin stolz auf mich!

Hamza und der Papa-Sohn-Tag

Vor einem knappen Jahr kam Hamzas Schwester, Dilara, zur Welt. Hamza hatte sich sehr auf sie gefreut. Er war damals fünf Jahre alt. Im Krankenhaus hatte er sie zum ersten Mal auf dem Arm. Hamza war direkt in das kleine Mädchen verliebt. Ihre Haare waren kurz und schwarz. Mit ihren großen dunkelbraunen Augen wickelte sie jeden schnell um den Finger. Papa hatte aufgepasst, dass sie nicht runterfallen konnte und bewunderte dabei seine beiden wundervollen Kinder. Das war ein unglaubliches Erlebnis für die ganze Familie. Seit der Geburt seiner Schwester ist viel Zeit vergangen. Hamza liebt sie über alles. Er erklärt Dilara vieles und hilft kräftig mit, wenn sie gewickelt wird. Mama wäscht sie und währenddessen trägt Hamza die Windel zum Mülleimer. Er spielt auch gerne mit ihr und bringt sie jeden Tag zum Lachen. Seine kleine Schwester findet es besonders witzig, wenn er eine Zeitung langsam vor ihrem Gesicht zerreißt. Dilara muss dabei so sehr lachen, dass sie nach hinten umkippt und auf dem weichen Teppichboden landet. Seit ein paar Wochen kann Dilara krabbeln. Nun erreicht sie jeden Ort in der Wohnung. Auch vor Hamzas Zimmer macht sie nicht halt.

Heute ist Freitag und Hamza freut sich auf das Wochenende mit seiner Familie. Sie haben nur das Wochenende, um etwas gemeinsam zu unternehmen. Denn unter der Woche arbeitet sein Papa ziemlich lange. Hamza liebt es, Modelle aus Legosteinen zu bauen. Dabei kann er seiner Fantasie freien Lauf lassen und alles nach seinen Vorstellungen errichten. In seiner großen Kiste ist kaum noch Platz. Sie ist voll mit den bunten Teilchen. Unter den normalen Farben sind auch Legos mit Mustern darauf. Hamza sammelt schon sehr lange. Seit einigen Tagen bastelt er an einem großen Schiff. Er nutzt dafür viele braune, schwarze und rote Steine. Als seine kleine Schwester um die Ecke krabbelt macht sich Hamza Sorgen um sein Bauwerk.

„Nein, Dilara, halt!", versucht er sie zu stoppen. Seine Schwester krabbelt aber zielgerichtet weiter. Wie kleine Geschwister so sind, findet sie Hamzas Spielsachen besonders interessant. Das Mädchen erreicht die Bausteine und robbt über das Schiff. Es zerbricht in seine Einzelteile. Hamza sieht hilflos zu. In dem Moment kommt seine Mama in das Zimmer. Sie will gerade nach den Kindern sehen. Hamza brüllt:

„Dilara! Nicht schon wieder! Warum musst du immer alles kaputt machen?"

Auf dieses Modell war er besonders stolz. Er hat lange gebraucht, um es zu bauen. Seine kleine Schwester erschrickt und fängt an zu weinen. Mama nimmt sie auf den Arm und tröstet sie.

„Das tut mir wirklich leid, mein Schatz! Komm, ich helfe dir beim Reparieren", sagt sie zu Hamza.

Mama setzt Dilara auf dem Boden ab und geht zu ihm herüber. Das Mädchen krabbelt fleißig weiter und so springt

Mama gleich wieder auf, um nach ihr zu sehen.

„Oh man, seit Dilara auf der Welt ist, hat Mama gar keine Zeit mehr für mich!", denkt sich Hamza traurig.

Weil er weiß, dass seine Eltern viel Arbeit mit Dilara haben, sagt er aber nichts. Die restliche Zeit bis zum Abendessen verbringt Hamza allein in seinem Zimmer und versucht sein Schiff wieder aufzubauen.

Als Papa abends nach Hause kommt, freut sich Hamza riesig. Er lässt die Bausteine fallen und stürmt in Richtung Wohnzimmer, wo er ihn hört. Papa hat gerade Dilara im Arm und strahlt. Er hält sie mit beiden Händen weit nach oben und lächelt sie an. Dilara grinst zurück. Hamza ist ungeduldig. Genervt sagt er:

„Dilara! Ich bin jetzt dran!"

Normalerweise reagiert Hamza nicht so schroff auf seine kleine Schwester. Aber heute kann er seine Gefühle nicht zurückhalten. Sein Papa kniet sich auf den Boden und umarmt seinen Sohn.

„Nanu, Hamza. Was ist denn los mit dir? Hast du heute keine gute Laune?", möchte er wissen.

Hamza schaut nach unten und antwortet nicht. Er schämt sich für sein patziges Verhalten.

Beim Abendessen spricht Mama ihren Sohn nochmals an:

„Es ist in Ordnung auch mal wütend zu sein, Hamza. Ich sehe aber auch, dass du traurig bist und dich etwas bedrückt. Du kannst mit uns über alles sprechen, Schatz. Ist es, weil Dilara heute dein Schiff kaputt gemacht hat?"

„Nein", erwidert Hamza kurz und knapp.

Papa schaut ihn fragend an:

„Was ist es dann? Hast du etwas auf dem Herzen?"

Hamza beginnt zu erzählen:

„Ja. Eigentlich bin ich schon eine ganze Weile traurig. Früher habt ihr immer so viel mit mir gespielt und tolle Ausflüge gemacht. Das war richtig cool! Aber jetzt ist Dilara da und braucht euch die ganze Zeit. Ich weiß schon. Sie ist noch sehr klein. Aber es macht mich trotzdem traurig und manchmal auch wütend."

„Ich wusste nicht, dass dich die Situation so sehr belastet", antwortet Mama.

„Weißt du, Hamza, die Geburt deiner Schwester ist auch für uns eine Umstellung. Wir müssen da als Familie noch hineinwachsen. Aber du wirst sehen, in ein paar Monaten ist es sicher wieder besser. Ich habe dich sehr lieb. Ich hoffe du weißt das! Und du hast Recht. In letzter Zeit haben wir ein bisschen den Blick für dich verloren. Aber super, dass du uns das jetzt sagst! So können wir versuchen, es wieder zu ändern."

Hamza lächelt. Über seine Sorgen zu reden hat ihm schon etwas geholfen. Er nimmt sich vor, seinen Ärger beim nächsten Mal früher anzusprechen.

Abends bringt Papa seinen Sohn ins Bett und spielt mit ihm noch eine Runde Wortfußball. Im Wechsel sagen die Spieler ein Wort und so entsteht ein gemeinsamer Satz.

„Morgen laufen die Fußballer in die Badewanne und hüpfen dann zurück." Ist das letzte Ergebnis. Beide lachen laut.

„Jetzt wird geschlafen. Gute Nacht, mein Schatz. Träum was Schönes!", sagt Papa.

Am nächsten Morgen sitzt die Familie gemeinsam in der Küche. Wie jeden Samstag gibt es ein großes Frühstück. Hamza isst am liebsten Rührei. Seine Mama hat dafür ein Spezialrezept. Die geheime Zutat verrät sie aber nicht.

„Wenn es jeder weiß, ist es ja kein Geheimnis mehr", erklärt Mama.

„Hamza, Mama und ich haben uns gestern Abend noch unterhalten. Wir verstehen, dass du dir mehr Zeit mit uns wünschst. Deshalb haben wir eine Idee. Einmal im Monat möchte ich mit dir einen Papa-Sohn-Tag machen. Und weißt du was? Gleich heute nach dem Frühstück verbringen wir den ersten Tag zusammen!", fängt Papa an zu erzählen. Hamza strahlt.

„Natürlich machen wir auch einmal im Monat einen Mama-Sohn-Tag", ergänzt seine Mama.

Hamza kann sein Glück kaum fassen. Zunächst ist er sprachlos.

„Wow!", freut er sich schließlich, als er seine Stimme wiederfindet.

Hamza hält kurz inne und fragt zögerlich:

„Und wird Dilara auch mitkommen?"

„Nein, nur du und ich! Bist du schon fertig mit dem Essen? Wir packen dir noch eine Flasche Wasser ein und dann kann es schon losgehen!", antwortet Papa.

Hamza kann es kaum erwarten. Er hat seinen Eltern erzählt was ihn bedrückt und sie haben direkt darauf reagiert.

„Ich habe wirklich die coolsten Eltern!", denkt er sich.

Hamza und sein Papa sind fertig mit dem Frühstück und freuen sich riesig auf ihren gemeinsamen Tag.

Kurz darauf verabschieden sie sich von Mama und Dilara.

„Wo fahren wir eigentlich hin?", fragt Hamza, als sie ins Auto steigen.

„Lass dich überraschen, mein Sohn", grinst Papa.

Die beiden sind eine ganze Weile unterwegs. Das Auto wird langsamer und Hamza erblickt ein großes Gebäude mit einer Aufschrift.

„Papa, wo sind wir?", will er wissen.

„Im Hüpfparadies", erwidert sein Papa.

Schon seit ein paar Wochen wünscht sich Hamza die große Trampolinhalle zu besuchen. Seine Eltern hatten ihm zugesichert einen Ausflug dorthin zu planen. Leider wurde diese Idee immer wieder verschoben. Papa kauft die Tickets und beide betreten den riesigen Raum. Hier gibt es verschiedene Bereiche. Auf einem großen Trampolin können die Kinder Basketball spielen. Auf einem anderen haben sie genug Platz für verschiedenste Kunststücke in der Luft. Hamza zeigt dorthin und fragt Papa mit leuchtenden Augen:

„Können wir da hüpfen?"

„Wo auch immer du willst. Heute ist dein Tag und du darfst entscheiden. Ich mache alles mit", antwortet Papa voller Freude.

Nach einem ganzen Tag im Hüpfparadies machen sich Papa und Hamza auf den Weg nach Hause. Dabei unterhalten sie sich über alles Mögliche. Hamza erzählt von der Schule und von seinen Legomodellen.

„Wirklich, du hast ein richtiges Schiff gebaut? Das hört sich klasse an. Zeigst du es mir, wenn du es wieder repariert hast?", fragt Papa.

Zuhause angekommen sind beide sehr müde. Hamza geht zu seiner Schwester, drückt sie und sagt:

„Hab dich lieb. Du bist eine tolle kleine Schwester!", und gibt ihr einen Kuss auf die Stirn.

„Ich bin so müde. Ich glaube, ich gehe gleich schlafen. Mama, kannst du mitkommen?"

„Geh schon einmal ins Bad und mach dich fertig. Ich komme gleich nach", antwortet sie.

Als Mama an Hamzas Bett sitzt, erzählt er, was er an diesem Tag alles erlebt hat.

„Und dann ist Papa auf seinen Po geplumpst!", sagt der Junge lachend.

„Da hast du heute ja eine Menge erlebt", freut sich Mama.

Hamza möchte noch so vieles vom Papa-Sohn-Tag erzählen:

„Ja! Und zum Essen hatten wir Burger und Pomm..."

Er kann seinen Satz nicht beenden. Vom vielen Toben und Springen ist er zu müde. Mit einem Lächeln im Gesicht schläft Hamza ein.

Ich werde geliebt!

Philipps coole Konzentrationsübungen

„Die Kiste kommt hier hin!", ruft Mama ins Wohnzimmer.

Seit ein paar Tagen ist Endspurt. Familie Nowak zieht von ihrer kleinen Stadtwohnung aufs Land in ein Haus mit Garten. Es ist weiß mit blauen Fensterläden. An jedem Fenster ist ein Blumenkasten befestigt, gefüllt mit bunten Blüten.

„Genau so habe ich mir das vorgestellt! Ein Traum!", schwärmte Mama, als sie das Grundstück zum ersten Mal sah.

Viel Platz braucht die Familie nicht. Philipp ist das einzige Kind.

Vor einigen Wochen hat die Familie mit dem Packen begonnen. Philipp hat seine Sachen in Kartons verstaut.

„Am besten sortierst du gleich aus, mein Schatz", schlug Mama vor.

So leicht wie sie sich das vorstellte, war es für Philipp aber nicht. Viele Sachen sind Andenken an schöne Erlebnisse. Von ein paar alten Spielsachen konnte er sich aber doch trennen. Den Rest hat er in das neue Haus mitgenommen. Bevor Familie Nowak die Wohnung verlassen hat, haben sie innegehalten und in Erinnerungen geschwelgt.

„Wisst ihr noch, als Philipp mir beim Backen geholfen hat und das Mehl runtergefallen ist? Bis auf die Augen war sein komplettes Gesicht weiß", erzählte Papa vergnügt.

Auch im neuen Haus gibt es einiges zu erledigen.

„Nicht da hin", hört Philipp seine Mama rufen.

„Hier Schatz. Hier soll das hin."

Er ist froh, wenn endlich alles fertig ist. Über sein neues Zimmer freut sich Philipp besonders. Da er leidenschaftlich gerne Fußball spielt, hat er nun einen grünen Raum mit Fußballaufklebern an den Wänden. „So kannst du die Bilder abhängen, wenn du keine Lust mehr darauf hast", war Papas Idee. Mit dem Ergebnis ist er zufrieden.

„Mama, wo sind eigentlich meine restlichen Kisten?", fragt er.

„Hmm, wenn ich das wüsste. Wir können im Keller nachsehen. Ich glaube, da müsste auch noch etwas stehen", antwortet Mama nachdenklich.

Nachdem Familie Nowak die restlichen Umzugskartons den Räumen zugeordnet hat, gibt es Abendessen. Durch den Umzug ist der Rhythmus der Familie durcheinandergeraten und es ist schon spät. Auch heute müssen die Eltern Philipp nicht bitten ins Bett zu gehen.

„Ich bin fix und fertig! Gute Nacht, Mama. Gute Nacht, Papa", ruft er kurz und knapp und richtet sich für die Nacht. Philipp schläft sofort ein.

Am nächsten Morgen fährt er mit Mama zur Schule. Philipp gähnt, als sie vor dem Gebäude parken.

„Ich hole dich dann nach dem Unterricht wieder ab", verabschiedet sich seine Mama.

Früher konnte er mit seinen Freunden in die Schule laufen. Seit sie aufs Land gezogen sind, geht das nicht mehr. Am Schultor stehen schon seine Freunde, Leo und Mia. Sie winken ihm zu.

„Hallo!", grüßt Mia.

Er hat es bisher niemanden erzählt, aber seit diesem Schuljahr freut er sich besonders, wenn er sie sieht.

„Verliebt, verlobt, verheiratet", ärgert Leo ihn.

Mias Wangen färben sich rot. Die Drei betreten gemeinsam die Schule und laufen in ihre Klassenzimmer. Sein Freund besucht die Parallelklasse und biegt links ab.

„Bis später, ihr Turteltauben", ruft er dabei.

Philipp und Mia steigen die Treppe hoch und gehen in ihr Klassenzimmer.

Drinnen wartet schon Herr Prinz, ihr Klassenlehrer. Jeden Dienstag steht Erdkundeunterricht auf dem Stundenplan.

„Guten Morgen zusammen!", begrüßt Herr Prinz die gesamte Klasse.

„Guten Morgen, Herr Prinz", antwortet die Klasse im Chor.

„Wie ihr wisst, schreiben wir heute die Klassenarbeit. Bitte setzt euch auf eure Plätze", erklärt der Lehrer.

Erschrocken fällt Phillip wieder ein, dass der Test in Erdkunde heute ansteht. Durch den Umzugsstress hat er das Datum vergessen und ist unvorbereitet.

„Was mache ich denn jetzt?", fragt sich Philipp in Gedanken.

Panik steigt in ihm auf und Philipp wird total nervös. Er quält sich durch die Aufgaben.

„Alle Stifte weglegen, die Zeit ist um", beendet Herr Prinz die Klassenarbeit.

Philipp gibt sein Blatt schweigend ab. Die restliche Unterrichtszeit verbringt er grübelnd:

„Wie soll ich das nur Mama und Papa erklären?"

Als Frau Nowak ihren Sohn wieder abholt spricht er zunächst nicht.

„Oh, was ist dir denn über die Leber gelaufen?", fragt Mama besorgt nach.

„Wir haben heute einen Test geschrieben. Ich habe ihn völlig vergessen. Bestimmt bekomme ich eine schlechte Note. Tut mir leid, Mama", antwortet er bedrückt und sieht nach unten.

„Oje, mein armer Schatz. Das kann ich mir vorstellen, dass du das bei dem ganzen Umzugsstress nicht mehr im Kopf hattest. Komm, wir schauen mal, ob dein Lehrer noch da ist, und erklären ihm unsere Situation. Vielleicht lässt sich noch was machen."

Gemeinsam betreten die beiden die Schule und gehen in Philipps Klassenzimmer. Mama klopft.

„Herein!", ertönt eine tiefe Stimme.

Herr Prinz ist noch an seinem Pult und beginnt gerade mit den Korrekturen. Frau Nowak stellt sich neben ihren Sohn und lässt ihn beginnen.

„Herr Prinz, es ist so. Wir ziehen gerade um und...", beginnt er und verstummt.

Seine Mama sieht, dass Philipp keine Worte findet.

„Ja, das stimmt. Die ganze Familie ist im Umzugsstress und Philipp hilft uns sehr viel mit allem. Durch den ganzen Umzugstrubel ist uns der Test völlig untergegangen. Wäre es vielleicht möglich, dass Sie Philipp noch einmal mündlich abfragen? So hätte er die Möglichkeit sich auf den Test vorzubereiten. Ich hoffe Sie verstehen unsere Situation."

„Ein Test ist ein Test und ich muss sicherstellen, dass ich alle Schüler gleichbehandle. Aber es gibt ein paar Situationen, in denen ich eine Ausnahme machen kann und so auf die Bedürfnisse einzelner Schüler eingehen kann. Hier haben wir solch eine Situation. Ein Umzug ist sehr aufregend, aber auch anstrengend und chaotisch. Ich weiß, du bist immer ein sehr fleißiger Schüler, Philipp. Gerne gebe ich dir die Möglichkeit eine zusätzliche Abfrage in deine Benotung einfließen zu lassen. Bis morgen solltest du dir einen Überblick über das Thema *tierische Produkte in regionalen Betrieben am Beispiel des Bauernhofs* verschaffen. Ich drücke dir die Daumen.“

„Vielen Dank, Herr Prinz“, bedankt sich Philipp und freut sich über die Chance. Erleichtert fährt er mit seiner Mutter nach Hause.

Dort angekommen, macht sich Philipp direkt an die Arbeit. Schnell stellt er jedoch fest, dass er sich nicht konzentrieren kann.

„Mensch, Rainer. Wo ist denn nun schon wieder die Kiste mit dem Geschirr?“, ruft Mama laut.

„Das weiß ich nicht. Du bist doch unsere Organisationsfee“, antwortet Papa.

Es kracht, klirrt und raschelt aus allen Ecken.

„Kommst du gut voran?“, erkundigt sich Papa bei Philipp.

„Nein, leider nicht. Ich bin die ganze Zeit total abgelenkt“, berichtet er verzweifelt.

„Philipp, ich glaube ich kenne da etwas, das dir vielleicht helfen könnte“, steigt Mama mit ein.

„Rainer? Du machst das hier schon, oder?“, fragt Mama und erhofft sich die Unterstützung ihres Mannes.

„Ja, klar! Ich helfe Philipp natürlich gerne. Ich mache in Ruhe weiter“, sagt sein Papa verständnisvoll.

Mama und Philipp setzten sich auf sein Bett. Philipp ist gespannt, wie Mama ihm helfen möchte.

„Ich kenne ein paar Übungen, mit denen du zur Ruhe kommen kannst. Danach kannst du dich viel besser konzentrieren und lässt dich nicht mehr so leicht ablenken. Probieren wir doch mal eine Übung gemeinsam aus. Du kannst dich auf deine Bettkante setzten. Setz dich gerade hin und lasse deine Schultern ganz locker. Atme durch die Nase tief ein und jetzt stell dir vor, du pustest die Samen einer Pusteblume davon. Das machst du, indem du tief durch den Mund ausatmest", beginnt Mama zu erklären.

„Mama, ist puste keine Pusteblumen. Ich bin doch keine vier Jahre mehr", widerspricht Philipp.

Mama denkt kurz nach und ihr fällt eine zweite Übung ein – die Traumreise. Sie nennt sie aber „Abenteuerreise", um ihren Sohn nicht erneut abzuschrecken oder zu langweilen. Zu Beginn legt sich Philipp auf den Rücken und spannt alle Körperteile ganz fest an. Die Arme, die Beine, den Bauch – den ganzen Körper. Daraufhin entspannt er wieder alles. Philipp fühlt sich plötzlich viel leichter und lockerer. Dann fängt Mama an, zu erzählen:

„Stell dir vor, du liegst auf einer grünen, weichen Wiese. Es ist ein schöner Sommertag und du spürst die Wärme der Sonnenstrahlen auf deiner Haut. Der Wind weht angenehm."

Philipp hört der Geschichte zu und kann sich immer mehr entspannen. Er fühlt sich gut. Als Mama mit der Geschichte fertig ist, ist er sogar ein bisschen enttäuscht. Denn er hätte gerne noch länger zugehört. Er merkt, dass der ganze Druck wegen der mündlichen Abfrage von ihm abgefallen ist. Jetzt fällt es ihm leichter sich zu konzentrieren, auch wenn es um ihn herum alles andere als leise ist. Mama verlässt den Raum und bittet Philipp sich zu melden, wenn er nochmal ihre Hilfe braucht. Daraufhin beginnt Philipp nun konzentriert zu lernen. Den Rest des Tages verbringt er damit, sich den Lernstoff anzueignen. Gelegentlich lässt er sich von seinen Eltern abfragen. Nachdem er sich sicher fühlt, geht er ins Bett.

Wie jeden Morgen bringt ihn seine Mama am nächsten Tag zur Schule. Bevor er das Auto verlässt, wünscht sie ihm viel Glück für die Abfrage. Papa hat ihm beim Frühstück schon die Daumen gedrückt. Die Abfrage beginnt und Philipp ist nervös. Herr Prinz nimmt die Unsicherheit des Jungen wahr und fragt ihn:

„Wie ist dein Name?"

Philipp antwortet: „Ähm, Philipp Nowak."

„Volle Punktzahl! Na, siehst du, das läuft ja schon wie am Schnürchen", lächelt Herr Prinz.

Auch Philipp muss grinsen. Die Anspannung verfliegt und die Abfrage kann beginnen. Diese meistert Philipp ohne Probleme. Auch Mia freut sich für ihn.

Beim Mittagessen erzählt Philipp seiner Mama alles.

„Ja super! Ich wusste, du schaffst das", sagt sie stolz.

Philipp fährt fort: „Aber weißt du was, das war ganz schön viel Aufregung heute. Nach dem Essen gehe ich erst einmal in mein Zimmer!"

In seinem Zimmer setzt sich Philipp auf sein Bett. Er erinnert sich an die Übungen und obwohl er keine vier Jahre mehr ist, entscheidet er sich für die Pusteblumen-Übung.

„Na ja, ich kann mir ja vorstellen, wie ich ein selbstgebasteltes Boot auf dem Wasser fortpuste", überlegt er sich.

Nach der Übung fühlt sich Philipp entspannter und ist bereit für die Hausaufgaben.

Ich kann alles schaffen,

was ich will!

Helmis heldenhafte Rettung

Sein Vorname gefällt dem Jungen nicht. Seine Eltern haben ihn nach seinem Großvater, Helmut Maier, benannt. Dieser hat den Namen von seinem Vater geerbt. „Helmut" ist ein alter Name und bedeutet „der Mutige".

„Das ist voll altmodisch und außerdem passt er überhaupt nicht zu mir! Nennt mich Helmi, dann klingt es wenigstens nicht ganz so uncool!", beschwert sich Heli des Öfteren.

Kurz nachdem Helmut und seine Eltern mit dem Mittagessen fertig sind, klingelt es an der Tür. Da Helmi weiß, wer vor dem Haus steht, springt er freudig auf und öffnet die Tür. Es ist Frau Pfadler mit ihrer Hündin Lotte. Lotte hat braunes, weiches Fell. Am Rücken ist sie schwarz. Mit ihren Knopfaugen verzaubert sie jeden. Der Yorkshire Terrier ist schon 15 Jahre alt. Umgerechnet in Menschenjahren sind das 76 Jahre.

„Sie ist also auch nicht mehr die Jüngste", erzählte die ältere Dame, als sie sich zum ersten Mal sahen.

Die Familie wohnt erst seit einem Jahr in der Nachbarschaft. Sofort war Helmi von dem kleinen Wollknäuel begeistert. Ihm ist es egal, dass der kleine Hund wie wild bellt, wenn jemand an dem Haus von Frau Pfadler vorbeiläuft.

Schon seit er denken kann, wünscht sich Helmi ein Haustier. Seine Mama leidet jedoch unter vielen Allergien und so bleibt sein Wunsch unerfüllt. Vor zwei Jahren hatte Helmi Fische bekommen. Diese Wirbeltiere als Haustier zu halten ist unproblematisch für Mama.

„Es ist aber einfach nicht dasselbe", hatte er zu seinen Eltern gesagt.

„Ja, das verstehe ich natürlich. Aber einen Hund oder eine Katze können wir leider nicht aufnehmen. Dann muss ich die ganze Zeit niesen, meine Nase läuft und meine Augen werden rot und jucken", bedauerte seine Mama.

Die Nachbarin ist mittlerweile wie eine Oma für Helmi. Da seine richtige Großmutter weit weg wohnt, freut er sich sehr über ihre Gesellschaft. Manchmal bringt sie der ganzen Familie auch selbstgebackene Kekse oder Kuchen vorbei.

„Die Rezepte von Frau Pfadler schmecken am besten", betont Mama jedes Mal, während sie das Gebäck isst. Helmi nennt seine Nachbarin manchmal sogar „Oma Pfadler".

Er begleitet Frau Pfadler oft, wenn sie mit ihrem Hund Gassi geht. In der Nähe des Hauses gibt es einen Park. Dieser ist sehr groß. Ein Gehweg schlängelt sich durch die grünen Wiesen. Auch Hunde sind dort willkommen. Neben den Parkbänken befinden sich Mülleimer und spezielle Tüten für die Häufchen der Tiere. Im Zentrum der Anlage gibt es einen schönen Teich. Darin findet man Fische, Frösche und Seerosen. Direkt am Anfang des Weges ist eine Bäckerei. Dort darf sich Helmi manchmal etwas Süßes kaufen. Am Ende des Parks gibt es eine Skaterbahn. Die Mädchen und Jungs aus der Nachbarschaft üben hier fleißig und zeigen ihre Kunststücke.

„Boah, das ist so cool!", denkt sich Helmi dann immer. Zu Weihnachten wünscht er sich ein eigenes Skateboard.

Wie gewohnt gehen Helmi und Frau Pfadler in Richtung Park.

„Willst du die Leine halten, Helmut?", fragt sie. Lächelnd nickt er und sagt:

„Komm Lotte!" Er versucht den Hund zu einem Rennen zu animieren.

„Du weißt doch, Lotte ist nicht die Jüngste. Das schafft sie leider nicht mehr", wendet die ältere Dame ein.

„Das macht nichts. Dann gehen wir einfach langsamer", antwortet Helmi.

Sie erreichen die Wiesen und passieren die Bäckerei. Plötzlich ertönt eine Stimme.

„Achtung!", ruft ein Junge und fährt zügig auf seinem Skateboard vorbei.

Er ist bestimmt fünf oder sechs Jahre älter als Helmi.

„Huch", erschrickt Frau Pfadler. Das hatte sie nicht kommen sehen. Sie gerät leicht ins Schwanken und kommt dann wieder zum Stehen.

„Oh, pass bitte auf!", ruft Helmut. Dass sich seine Ersatzoma verletzt, möchte er nicht. Zum Glück ist nochmal alles gut gegangen.

„Wie spät ist es denn?", möchte Frau Pfadler wissen, nach dem sie schon eine Weile unterwegs sind und den Teich erreichen.

Die ältere Dame hat eine Armbanduhr um ihr Handgelenk, die sie aus Gewohnheit noch anzieht. Da sie nicht mehr so gut sieht, kann sie die Uhrzeit jedoch nicht selbst ablesen.

„Oh nein, jetzt habe ich mein Smartphone vergessen!", bemerkt Helmi, als er auf die Frage antworten will.

Für den Notfall erlauben seine Eltern, dass er das Telefon zu Spaziergängen mitnehmen darf.

„Das ist doch nicht so schlimm! Früher hatten wir so etwas gar nicht und das ging auch! Du kannst es ja beim nächsten Mal wieder mitnehmen", beruhigt ihn die Dame.

Als sie am Ende des Parks ankommen, überlegt sich Helmi ein Stöckchen zu werfen. Auch wenn die alte Hündin nicht mehr hinterher sprinten kann, so kann sie es dennoch langsam verfolgen und holen.

„Hier, los geht's! Lauf, Kleine!", ruft der Junge, als er den Ast wirft.

Lotte freut sich und trabt gemütlich davon.

„Vorsicht!", ertönt es erneut und der junge Skateboard-Fahrer kommt ihnen schon wieder entgegen.

Doch diesmal kann er nicht rechtzeitig bremsen und erwischt Lotte an der Flanke. Der Hund fällt zu Boden und wimmert.

„Oh nein, mein liebe Lotte. Mein armer Hund!", ruft Frau Pfadler hilflos.

Da sie nicht sehr schnell gehen kann, bitte sie die beiden Jungs, Hilfe zu holen. Helmi sieht sich um. Es ist niemand zu sehen. Es ist gerade April und das Wetter ändert sich täglich. Heute ist es nicht sehr einladend. Dicke, graue Wolken stehen am Himmel. Hin und wieder fühlt er einen Tropfen auf seinem Gesicht. Der Wetterumschwung lässt nicht mehr lange auf sich warten und es wird bald anfangen zu regnen. Helmi blickt hinüber zum Skater-Jungen. Dieser steht wie erstarrt an der Seite.

„Hast du ein Smartphone?", fragt er ihn.

„Nein, das lasse ich immer zu Hause, wenn ich skaten gehe. Sonst geht es kaputt", flüstert er.

Er ist blass und wirkt wie angewurzelt. Auch Helmi weiß im ersten Moment nicht, was er machen soll. Er ist geschockt und hört den kleinen Hund wimmern.

„Okay, ganz ruhig. Ich werde jetzt Hilfe holen. Ich schaffe das!", flüstert sich Helmi zu.

„Für Oma Pfadler und für Lotte!", ruft er laut.

Er begleitet die ältere Frau zur Parkbank, auf der sie mit dem verletzten Hund wartet. Daraufhin läuft er zügig den langen Weg zurück, vorbei an den grünen Wiesen und um den großen Teich. Endlich erreicht er die Bäckerei und betritt sie schnaufend.

„Entschuldigung, können Sie mir bitte helfen? An der Skaterbahn ist ein verletzter Hund! Kann ich bitte telefonieren?", fragt er.

„So etwas! Wie ist das denn passiert? Natürlich! Zum Telefonieren einfach eine 0 vorwählen!", antwortet die Verkäuferin.

Der Junge ruft seine Eltern auf dem Festnetz an. Zum Glück weiß er die Nummer auswendig. Schnell und außer Atem erzählt er ihnen, was passiert ist. Sein Papa macht sich direkt auf den Weg zu ihm in die Bäckerei. Dort holt er seinen Sohn ab und beide sprinten gemeinsam in Richtung Park, den gesamten Park hindurch und kommen schließlich schnaufend und außer Puste bei Frau Pfadler an. Herr Maier verschafft sich einen kurzen Überblick über die Situation und schaut sich Lotte genauer an. Er entscheidet sich dafür den Hund mit dem Auto zum nächsten Tierarzt zu fahren. Vorsichtig trägt Herr Maier Lotte ins Auto und legt sie auf einer Decke ab. Um es dem verletzten Tier so bequem wie möglich zu machen, hat er ihr ein Plätzchen auf der Rückbank hergerichtet.

„Vielen Dank!", sagt Frau Pfadler. „Was würde ich nur ohne euch machen?"

Gemeinsam bringen sie die Dame und ihren Hund zum Tierarzt und fahren dann weiter nach Hause. Die Nachbarin versichert, dass sie später von ihrer Tochter abgeholt und nach Hause gebracht wird. Deren Nummer trägt sie immer in ihrer Brieftasche.

Zu Hause angekommen, richtet die Familie das Abendessen. Helmi fragt sich gerade, wie es seinem Lieblingshund wohl geht und macht sich große Sorgen.

„Hoffentlich ist alles in Ordnung", sagt er zu seinen Eltern.

„Arme Oma Pfadler", fährt er fort.

„Es wird schon nicht so schlimm sein", versucht ihn seine Mama zu beruhigen, als es plötzlich an der Tür klingelt. Vor dem Haus steht die Nachbarin.

„Ich wollte mich bei euch nochmals bedanken! Lotte geht es wieder gut und sie ist wohl auf. Die Tierärztin hat sie genau untersucht. Es ist zum Glück nur eine leichte Prellung und sie braucht lediglich Ruhe. Hier, diese Kekse habe ich gestern gebacken", sagt sie und reicht Mama das Gebäck.

Papa, Mama und Helmi sind erleichtert und freuen sich, dass es Lotte gut geht.

„Herr und Frau Maier, ich muss Ihnen schon sagen, sie haben einen großartigen Sohn. Er ist so hilfsbereit und mutig. Ich bin froh, ihn zu kennen!", sagt Frau Pfadler. Helmis Wangen färben sich rot.

Wieder einmal könnten Helmuts Eltern vor Stolz platzen.

„Siehst du, Helmi. Genau deshalb trägst du den Namen deines Großvaters! Er passt perfekt zu dir!", lächelt seine Mama.

Auch Helmi ist stolz auf sich und freut sich, dass er Lotte helfen konnte.

„Das sind einfach die Besten!", schwärmt Mama, als sie sich den ersten Keks schmecken lässt.

Ich habe großartige Ideen!

Emil startet durch

Emil zieht große, geschwungene Linien in grüner Farbe über das Blatt. Nach dem Abendessen setzt er sich am liebsten nochmal an seinen Schreibtisch. Er liebt es zu zeichnen, zu malen und seiner Fantasie freien Lauf zu lassen. Dabei taucht er in seinen Gedanken in eine andere Welt ein.

„Emil", ruft seine Mama. „Bist du schon bereit fürs Bett?"

„Ich habe gerade e-e-einen richtigen L-l-lauf. Darf ich bitte noch f-f-fertig malen?", bittet Emil.

Da sie sein Hobby respektiert und weiß, wie gut es ihrem Sohn tut, lässt sie ihn das Bild fertigmalen.

Seit Emil sprechen kann, stottert er. Seine Eltern waren mit ihm häufig beim Arzt. Dieser kann die Ursache nicht erkennen. Um das Sprechen zu trainieren, besucht Emil einmal die Woche eine Logopädin. Sie übt mit ihm Wörter und Sätze ohne Unterbrechungen zu sprechen. Zuhause und mit seinem besten Freund gelingt es ihm, flüssiger zu reden. In ungewohnten Situationen aber fällt es Emil sehr schwer. In seinen Träumen spricht er, ohne zu stottern und auch in seinen Gedanken. Emil liebt es sich vorzustellen, wie es ohne diese Einschränkung wäre.

Als seine Mama zurückkommt, erkennt sie auf dem Bild einen goldgelb, schwarz gestreiften Tiger, versteckt im hohen Gras. Nur das Gesicht ist hinter den grünen Grashalmen zu erkennen.

„Das ist wieder mal ein großartiges Bild, mein Schatz! Du hast ein besonderes Talent!", lobt sie ihren Sohn.

„Jetzt aber auf ins Bett und träum was Schönes!", fährt sie fort und gibt ihm einen Kuss auf die Stirn.

„Danke, Mama. G-g-gute Nacht", antwortet Emil.

Am nächsten Morgen richtet er sich für die Schule. Seine Eltern sind getrennt. Emil lebt mit seiner kleinen Schwester, Sophia, bei seiner Mama. Gemeinsam sitzen sie am Frühstückstisch, als Sophia der Löffel aus der Hand fällt und ihr Milch ins Gesicht spritzt. Sie quietscht und lacht vergnügt. Auch Mama und Emil müssen lachen.

„S-S-Sophia, das war ein lustiger Platscher!", kichert Emil.

„Phia auch Schule!", sagt seine kleine Schwester und würde gerne mit ihrem Bruder mitkommen.

„Du bist l-l-leider noch zu k-k-klein", antwortet er.

Nach dem Frühstück trifft er sich mit seinem besten Freund am Ende der Straße. Jeden Morgen laufen sie gemeinsam zur Schule. Die Familie lebt in einem kleinen Dorf und so ist die Schule nicht weit entfernt. Die Kinder hier kennen sich alle gut. Sie wissen auch von Emils Besonderheit.

„Da komm E-e-emil!", verspotten sie ihn vereinzelt.

Luca ist sein bester Freund. Er malt auch gerne und mag Emil genauso wie er ist.

„Hör einfach nicht hin!", kommentiert er die Selbstzweifel des Jungen.

„J-j-ja, ich weiß. Aber das f-f-fällt mir sehr sch-schwer", sagt Emil bedrückt.

Vor dem Schulgebäude steht eine Gruppe Kinder. Sie sind schon etwas älter und eine Klasse über Emil. Nach der Schule sieht er sie häufig am Sportplatz, wo sie mit ihren Skateboards coole Kunststücke machen. Ihre Bretter sind bunt mit Graffiti besprüht. In leuchtenden Farben stehen Schriftzüge und der jeweilige Name in verzerrten Buchstaben darauf. Insgeheim wünscht sich Emil, auch zu ihnen zu gehören. Durch seine Sprachprobleme ist er aber sehr schüchtern. Er hat Angst, von den anderen ausgelacht zu werden, wenn er stottert. Deshalb spricht er nicht viel.

In Kunst verkündet seine Lehrerin, Frau Rabus, dass es eine Ausstellung in der Schulaula geben wird.

„Wer daran teilnehmen möchte, kann sich gerne bei mir melden. Ich freue mich schon sehr auf eure Kunstwerke! Wenn alles vorbereitet ist, möchte ich eure Eltern zu unserer Kunstausstellung einladen."

Einige Schüler melden sich direkt. Andere zögern noch. Emil weiß genau, dass er es sagen muss, wenn er mitmachen möchte. Wie gewohnt traut er sich aber nicht. Luca sieht zu ihm hinüber und flüstert:

„Pssst! Psssssst! Eeeemil!"

Er zeigt mit seinem Finger auf die Lehrerin.

„Na los", flüstert er wieder.

Emil ist wie erstarrt und wartet ab, bis das Thema gewechselt wird. Die restlichen Schulstunden ärgert er sich, dass er nicht den Mut hatte etwas zu sagen. Er hätte so gerne an der Kunstausstellung mitgemacht.

Nach der Schule geht Emil nach Hause.

„Na, wie war der Unterricht heute?", fragt Mama.

„Wie immer", antwortet Emil knapp.

Nach einiger Zeit beginnt er: „A-a-aber weißt du w-was, Mama. Frau R-r-rabus bereitet eine Ausstellung vor. Die Sch-schüler dürfen ihre Kunstwerke z-zeigen."

„Ach wirklich? Das ist aber eine schöne Idee! Und du wirst bestimmt mitmachen, oder?", fragt Mama gespannt.

„N-n-nein. Ich habe mich nicht g-getraut", sagt Emil enttäuscht.

„Ich würde mich freuen, wenn du morgen all deinen Mut zusammennimmst, zu Frau Rabus gehst und ihr sagt, dass du auch mitmachen möchtest. Das wird Frau Rabus sicher gefallen!", motiviert ihn seine Mama.

Nach dem Gespräch mit seiner Mutter möchte Emil auch wissen, was sein Vater davon hält. Obwohl dieser nicht mehr bei ihnen wohnt, hat er trotzdem guten Kontakt zu seinen Kindern.

„Du kannst mich anrufen, wann immer du willst, Emil. Ich bin immer für dich da!", hatte Papa bei seinem Auszug zu ihm gesagt.

„Ich finde, du hast großes Talent! Zeig den anderen Kindern, was in dir steckt!", ermutigt er seinen Sohn am Telefon.

„O-o-kay Papa. Bis b-bald", verabschiedet sich Emil.

Mittlerweile ist es spät geworden. Im Bett grübelt Emil weiter.

„Vielleicht lachen die anderen Schüler, wenn sie meine Bilder sehen. Der E-e-emil kann nicht sprechen und nicht malen, werden sie vielleicht sagen", überlegt er.

Während er darüber nachdenkt, fallen ihm langsam die Augen zu und er schläft ein. Im Traum sieht Emil, wie begeistert die anderen Mitschüler von seinen Bildern sind. Lächelnd wacht er auf. Emil erinnert sich an seinen Traum und fragt sich, ob das wirklich passieren könnte.

„Hmmh, welches Bild könnte ich Frau Rabus mitbringen?", fragt er sich.

„Das Tigerbild? Mhhh, nein. Vielleicht das Silvesterbild mit den schwarzen Häusern im Hintergrund und dem bunten Feuerwerk? Nein, auch nicht."

Er kramt ganz unten in seiner großen Schreibtischschublade und entdeckt das perfekte Bild.

„Ahaaaa!", ruft er begeistert. Er packt sein Kunstwerk in die Tasche und macht sich auf den Weg zur Schule.

In der Schule nimmt er all seinen Mut zusammen und zeigt das Bild seiner Lehrerin. Emil streckt ihr das Kunstwerk einfach entgegen. Er sagt dabei kein Wort. Frau Rabus versteht Emil auch ohne Worte. Sie staunt verblüfft und sagt:

„Das ist wirklich richtig, richtig gut, Emil! Dieser Ausdruck, diese scharfen Kanten. Hätte ich gewusst, was für Talente in meiner Klasse sitzen, hätte ich schon lange eine Ausstellung gemacht! Weißt du was? Du darfst das große Bild in der Mitte der Aula malen!"

Emil ist erstaunt. Er hatte ihr das Bild gezeigt, dass er vor zwei Wochen gemalt hat. Darauf ist ein Ritter mit Bleistift gezeichnet. Der Junge hat sich dabei viel Mühe gegeben. Mit verschieden Härtegraden hatte er das Bild schattiert.

„D-danke!", antwortet Emil ein wenig schüchtern.

„Du kannst dir aussuchen, welches Motiv du malen möchtest. Die Utensilien kannst du aus dem Schrank im Kunstzimmer nehmen. Ich bin schon sehr gespannt, was du uns zeigen wirst!", sagt seine Lehrerin.

Luca sieht zum Pult und freut sich gemeinsam mit seinem Freund.

„Ja! Gut gemacht!", denkt er sich und zeigt Emil einen Daumen nach oben.

Die nächsten Tage überlegt Emil, welches Bild er in der Aula malen soll. Er grübelt und grübelt. Und plötzlich fällt ihm ein besonderes Motiv ein.

„Ja, so mache ich das!", entscheidet er selbstbewusst.

Die nächsten Tage bleibt er länger in der Schule, um die große Leinwand zu bemalen.

Der große Tag der Ausstellung ist gekommen. Emil ist nervös. Frau Rabus hat sein Werk schon gesehen und war direkt begeistert. Sie begrüßt alle Gäste:

„Herzlich willkommen, liebe Eltern und Geschwister! Herzlich willkommen, auch an meine Kolleginnen und Kollegen und natürlich an alle Schüler. Ich freue mich sehr, ihnen die Werke meiner talentierten Schüler zu präsentieren. Genießen Sie die Ausstellung!"

Die Familien betreten die Aula. Mitten im Raum erblicken sie Emils riesige Leinwand.

„Boaaaah, wie cool!", ruft ein Schüler.

„Das war sicher viel Arbeit. Starkes Bild", sagt ein Vater.

„Ah" und „Oh" ertönen. Emil lächelt. Seine Wangen färben sich rot.

„Wow, mit solchen Reaktionen habe ich nicht gerechnet. Ich bin froh, dass ich mich getraut habe", denkt er sich.

Er erblickt die Gruppe Jungs, die nachmittags mit ihren Skateboards unterwegs sind. Timo, der Junge, den Emil am coolsten findet, tritt zum Bild. Er dreht seinen Kopf nach links. Dann nach rechts. Vor ihm steht ein riesiges Graffiti in leuchtenden Farben. Mit einem Namen als Schriftzug.

Laut liest er vor: „E-M-I-L. Emil!"

Erstaunt sieht er fragend zu Emil herüber.

„Hast du das gemacht?"

„J-j-ja", antwortet Emil verlegen.

„Das ist super stark! Das Bild sieht echt cool aus. Hast du morgen Nachmittag schon was vor? Ich habe ein neues Skateboard, das ich besprühen möchte. Könntest du mir dabei helfen? Danach könnten wir im Skaterpark ein bisschen abhängen. Was hältst du davon?", fragt er.

Emil kann es kaum glauben. All den Leuten und auch den Jungs aus dem Skaterpark gefällt sein Bild. Emil fühlt sich stark und ist sehr stolz auf sich, dass er den Mut hatte, an der Ausstellung teilzunehmen.

„Es kommt nicht darauf an, wie ich spreche", denkt er sich.

„Ich habe mich immer auf mein Stottern konzentriert. Aber jeder hat Schwächen. Das ist normal und überhaupt nicht schlimm. Viel wichtiger ist es, sich auf seine Stärken zu konzentrieren. Und ich kann richtig gut zeichnen und muss mich nicht hinter meinem Sprachfehler verstecken."

„J-j-ja, können wir machen. I-i-ich bringe meine Farben mit u-u-und wir überlegen uns g-g-gemeinsam, w-w-was wir auf dein Board malen", sagt Emil selbstbewusst und sicher.

„Cool, danke, ich freue mich, Emil", sagt Timo begeistert.

Ich bin wertvoll, mit all meinen Stärken und Schwächen!

Louis wahre Stärke

„Ich habe dich!", ruft Louis.

Er erreicht seinen Papa und tippt ihn am Bauch an.

„Du bist dran", grinst er.

Familie Hoffmann spielt gerade eine Runde Fangen im Garten. Es ist Sonntag und Mitte Dezember.

„Wo bleibt eigentlich der Schnee?", fragt Louis. Dieses Jahr ist ein warmer Winter.

„Früher gab es noch richtig viel Schnee", schwelgt Herr Hoffmann in Erinnerungen.

„Wir haben Iglus gebaut und stundenlang mit Schneeball-schlachten verbracht."

Das würde Louis jetzt auch super finden. Doch auch ohne Schnee verbringt er die Zeit gerne mit seinen Eltern. Bei seiner Familie fühlt sich Louis sehr wohl. Er fühlt sich stark und traut sich seine Meinung zu sagen. Doch in der Schule ist das nicht so. Seit einigen Tagen ärgert ihn Noah. Louis traut sich nicht zu widersprechen. Er fühlt sich klein, schwach und hilflos.

Nach dem Toben kocht Mama das Abendessen. Louis hilft ihr dabei.

„Bringst du dann bitte gleich noch den Müll raus?", bittet sie ihn.

„Eigentlich würde ich lieber das dreckige Geschirr in die Spülmaschine räumen. Ist das auch okay?", fragt Louis.

„Ja klar. Dann kann ich mich währenddessen um den Müll kümmern. Vielen Dank!", erwidert seine Mama.

Louis hilft seinen Eltern gerne. Nach dem Abendessen darf er noch eine Runde im Garten kicken. Seit er klein ist, spielen er und sein Papa regelmäßig Fußball. Damals hat er den Ball kaum getroffen. Mit der Zeit ist er immer besser geworden. Als es dunkel wird, bittet ihn seine Mama herein:

„Komm, mein Schatz. Es wird dunkel und kalt. Morgen ist Schule. Auf ins Bett!"

Louis zieht seinen Schlafanzug an, putzt sich die Zähne und krabbelt ins Bett.

„Hab dich lieb. Ich bin froh, dich zu haben!", sagt Mama und gibt ihn einen Kuss auf die Wange.

„Hab dich auch lieb", erwidert er.

Am nächsten Morgen macht sich Louis fertig für die Schule und geht runter zum Frühstückstisch.

„Deine Brotdose steht auf dem Küchentisch. Vergiss sie bitte nicht", sagt Mama.

„Nein, Mama, ich packe sie gleich ein, wenn ich fertig gefrühstückt habe", antwortet Louis.

„Hast du es schon gesehen? Heute Nacht hat es geschneit! Vielleicht bleibt der Schnee liegen und ihr könnt eine Schneeballschlacht machen!", erzählt Papa freudig.

Louis freut sich, das erste Mal in diesem Winter Schnee zu sehen. Am liebsten würde er direkt in den Garten rennen und einen Schneemann oder ein Iglu bauen. Aber zuerst muss er in die Schule.

„Ja, das wäre super! Also, ich geh dann. Bis später", sagt Louis.

Draußen sieht er auch schon Ella und ihren Vater. Ellas Vater bringt die beiden immer zur Schule. In der Schule angekommen, sieht Louis seinen Freund Linus. Als sich die beiden Jungs auf den Weg ins Klassenzimmer machen, wird Louis zur Seite geschubst und fällt zu Boden.

„Aus dem Weg, Kleiner!", ruft Noah schroff und überholt ihn.

„Man, Noah wird auch immer grober!", beschwert er sich bei Linus.

Linus ergänzt: „Und gemein ist er auch! Früher war er doch ganz in Ordnung. Keine Ahnung, was der hat."

„Vielleicht ist er schon in der Pubertät", grinst Louis und beide lachen.

Im Unterricht schreiben sich Louis und Linus Zettelchen. Louis grinst, als er die Nachricht seines Freundes liest und nickt zustimmend. Plötzlich steht Herr Specht vor ihnen.

„Kann ich den bitte mal sehen?", fordert er auf.

Der Junge streckt dem Lehrer die Nachricht entgegen und blickt nach unten.

„Aha, so so", nickt er. Die Jungs bangen.

„Oh man, ist das peinlich! Ob er den jetzt laut vorliest?", fragt sich Louis.

Der Lehrer steckt den Zettel in die Hosentasche und geht zurück zum Pult.

„Passt jetzt bitte wieder auf. Ihr stört den Unterricht", sagt er ermahnend.

„Puh", flüstern sich die Jungs zu.

Sie hatten sich darüber ausgetauscht, welches Mädchen in der Klasse sie am hübschesten finden.

In der Pause packen die Jungs ihre Vesperdosen aus. Louis hat heute auch einen Schokoladenriegel in der Dose liegen. Als er diesen neben sich auf die Bank legt, kommt Noah vorbei.

„Das ist meiner!", sagt er bestimmend und nimmt sich die Süßigkeit.

„Und was stand eigentlich heute auf euren Zettelchen? Da habt ihr euch ja ganz schön blamiert vor Herrn Specht!", ärgert er die beiden.

Zum Abschied boxt er Louis noch gegen den Arm. Noah ist viel größer und stärker als er. Deshalb traut sich Louis nicht, sich zu wehren. Louis ist einer der Kleinsten in der Klasse und wie seine Mitschüler beim Sport sagen: ein Fliegengewicht.

„Der würde mich bestimmt umhauen, ohne mit der Wimper zu zucken", denkt sich Louis.

Nach der Schule essen Mama und Louis zu Mittag. Zu Hause wird im Winter mit dem Holzofen geheizt.

„Ganz schön warm hier drin", sagt er und zieht den Pullover aus.

„Was ist denn das?", will seine Mama wissen. Auf Louis Oberarm ist ein blauer Fleck zu erkennen.

„Du hattest doch neulich schon einmal einen? Was ist denn los, Schatz?", fragt sie besorgt.

Louis blickt stumm auf den Boden. Als seine Mama seine Traurigkeit wahrnimmt sagt sie sanft:

„Du kannst mir immer alles sagen, Schatz. Egal, was es ist."

„Mhhh ... es ist Noah", beginnt Louis zögerlich zu erzählen.

„In letzter Zeit ist er ganz schön gemein. Heute hat er mir meinen Schokoriegel weggenommen und gegen den Arm gehauen."

„Das tut mir sehr leid, mein Schatz! Soweit ich weiß, trennen sich gerade seine Eltern. Ich kann mir vorstellen, dass es für ihn nicht einfach ist. Das ist aber keine Entschuldigung für so ein fieses Verhalten", erklärt Mama und fragt:

„Aber warum hast du dich denn nicht gewehrt?"

„Na, hast du Noah schon mal gesehen? Der ist riesig und echt stark. Da habe ich keine Chance", sagt Louis.

„Ich meine nicht mit den Fäusten wehren. Weißt du, auch du kannst richtig stark sein! Wahre Stärke hat nichts mit Muskelkraft zu tun! Heute Abend zeigen Papa und ich dir etwas", verspricht seine Mama.

Am Nachmittag kommt Linus vorbei. Die beiden huschen direkt in den Garten und starten eine Schneeballschlacht. Zumindest versuchen sie das. Obwohl über Nacht der langersehnte Schnee fiel, ist der Garten nicht ganz weiß geworden. Leider ist nur noch Matsch übrig, mit dem die Jungs sich gegenseitig bewerfen.

„Du kannst dich nicht verstecken!", ruft Linus lachend.

„Wetten, doch?", erwidert Louis und kriecht hinter das Feuerholz, das seitlich am Schuppen gestapelt ist.

Die Jungs stört es nicht, dass es kein richtiger Schnee ist. Sie lachen viel miteinander und genießen den Nachmittag.

Einige Zeit später verabschiedet sich Linus und wird von seinem Papa abgeholt. Louis geht ins Haus hinein.

„Huch, wie siehst du denn aus?", ertönt Mamas Stimme.

Seine Jacke ist von oben bis unten mit dunklen Matschflecken durchweicht. Nachdem er seine nassen Sachen ausgezogen hat, geht er ins Wohnzimmer. Dort wartet Papa schon auf ihn.

„Hallo, Louis. Na, habt ihr euch ordentlich ausgetobt?", fragt er.

„Ja, das war eine richtige Matschschlacht!", grinst Louis.

„Mama hat mir von deinem Problem mit Noah erzählt. Weißt du, es gibt Übungen, die dir helfen können, dich stärker zu fühlen. Wir zeigen dir mal was!"

Die Eltern gehen gemeinsam mit Louis zu dem großen Spiegel im Flur.

„So, jetzt stell dich davor", bittet Papa ihn.

„Und jetzt sprich mir nach: Ich bin stark! Ich kann richtig gut Fußball spielen. Ich bin mutig. Ich glaube an mich und kann alles schaffen. Ich darf nein sagen, wenn ich etwas nicht mag."

Zuerst findet Louis die Übung komisch, aber er lässt sich darauf ein. Er spricht die einzelnen Sätze nach.

„Super, und jetzt noch ein bisschen lauter", motiviert ihn seine Mama.

Sie sprechen die Sätze insgesamt drei Mal. Louis muss grinsen. Irgendwie fühlt er sich gut. Er fühlt sich tatsächlich stark und mutig. Und es gibt viele Dinge, die er besonders gut kann.

„Und jetzt, mein Schatz, schreiben wir die Sätze auf ein großes Blatt Papier", schlägt Mama vor.

„Wieso denn das?", möchte Louis wissen.

„Dann kannst du sie jeden Tag sehen. Und du kannst sie dir laut vorsagen, bevor du zur Schule gehst", erwidert Papa.

Sie schreiben gemeinsam die besprochenen Sätze und noch weitere Stärken des Jungen auf. Im Anschluss befestigen sie das Blatt mit Klebeband am Spiegel. Direkt am nächsten Morgen testet Louis die neue Übung. Er stellt sich vor den Spiegel und spricht die Sätze laut nach. Er fühlt sich direkt großartig und selbstbewusst. Und ja, auch stark.

Später in der Schule sieht Louis Noah. Er ist gerade dabei ein anderes Kind zu ärgern. Er nimmt seinen ganzen Mut zusammen und macht sich auf den Weg zu den beiden. Dann verlässt ihn der Mut jedoch wieder und er bleibt stehen. Der Junge, der geärgert wird, ruft:

„Lass das! Ich mag das nicht!" und schubst den großen Noah.

Dieser fällt daraufhin zu Boden. Er hat diese Reaktion nicht erwartet und liegt erstarrt vor Schreck am Boden. In diesem Moment ist der große, starke Noah, klein und verunsichert. Seine Augen werden wässrig.

„Ich bin mutig! Ich bin stark! Ich kann alles schaffen, was ich möchte!", flüstert sich Louis zu.

Und dann passiert etwas, mit dem niemand gerechnet hat. Louis geht rüber zu Noah und streckt ihm die Hand entgegen. Selbstbewusst sagt er zu ihm:

„Komm, halt dich fest! Ich weiß, du hast es gerade nicht leicht. Lass mich dir helfen." Das ist wahre Stärke!

Ich bin wichtig für diese Welt!

Denke immer daran

Nun kennst du die Geschichten von Louis, Emil, Philipp und den anderen Jungs. Alle haben ihre ganz besonderen Stärken. Aber es gab auch Momente und Situationen, in denen sie sich schwach fühlten. Das ist okay und völlig normal.

Die Jungs haben an sich geglaubt. Glaube auch du an dich! Denn du bist ein großartiger Junge. Du bist wundervoll, mit all deinen Stärken und Schwächen.

Du bist mutig!
Du bist einzigartig!
Du bist genau so gut, wie du bist!

Denke immer daran, du kannst alles schaffen!

Bonus

Mutmach-Karten zum Ausdrucken

Hier ist der Link zu deinen eigenen Mutmach-Karten:

https://bit.ly/3ByaTQa

Diese kannst du gemeinsam mit deinen Eltern ausdrucken und ausschneiden.

Kleiner Tipp: Klebe die Karten auf ein festes buntes Papier, so sehen sie nicht nur super aus, sondern halten auch länger.

Du kannst die Mutmach-Karten gemeinsam mit deinen Eltern, Großeltern, Tante, Onkel ... laut vorlesen und sprechen oder auch ganz allein für dich selbst. Damit verinnerlichst du auf eine einfache Art und Weise, wie großartig, mutig und stark du bist! Die Karten helfen dir außerdem dabei, die Botschaften aus den Geschichten noch besser einzuprägen. Je nach Situation kannst du dir auch ganz bestimmte Karten zur Seite nehmen.

Noch ein kleiner Tipp: Lese/spreche selbst oder gemeinsam mit deinen Eltern diese Mutmach-Karten vor dem Einschlafen, anstatt einer Gute-Nacht-Geschichte.

Noch ein klitzekleiner Tipp: Bastle die Karten für deine Freunde und verschenke sie. So hilfst du auch anderen großartigen Jungs und Mädchen dabei noch mutiger und stärker zu werden.

Sollte der Link nicht funktionieren, schreibe eine E-Mail an: info@traditionsagentur.de und wir schicken dir die Mutmach-karten-Karten per E-Mail zu.

Impressum

Johanna Lenz wird vertreten durch:
Mountainsky Medienagentur
GARS Verlag
Mellinghofer Str. 168
45473 Mülheim an der Ruhr

E-Mail: info@traditionsagentur.de

Lektorat und Korrektorat: Oliver Erhorn
Covergestaltung und -konzept: Jasmin Raif von Sprudelkopf Design – sprudelkoepfe.com
unter Verwendung von Motiven der Plattform www.iStockphoto.com:
©Thinkhubstudio, ©Chinnapong, ©letoosen, ©cirodelia und ©HADIIA POLIASHENKO
Satz: Jasmin Raif von Sprudelkopf Design – sprudelkoepfe.com
unter Verwendung von Motiven der Plattform www.iStockphoto.com:
©good_reason08 und ©Liubov Khutter-Kukkonin

Jahr der Veröffentlichung: 2021

Verantwortlich für den Druck: Bookmundo – ein Service von Mybestseller B.V.,
Delftestraat 33, 3013AE Rotterdam

Zeitfracht Medien GmbH
Ferdinand-Jühlke-Straße 7
99095 Erfurt, Deutschland
produktsicherheit@kolibri360.de